投资股市7堂课

——从新手到高手的操盘之路

予　然◎编著

中国宇航出版社
·北京·

图书在版编目（CIP）数据

投资股市7堂课 ： 从新手到高手的操盘之路 / 予然编著. -- 北京 ： 中国宇航出版社, 2020.1
ISBN 978-7-5159-1736-8

Ⅰ. ①投… Ⅱ. ①予… Ⅲ. ①股票投资－基本知识 Ⅳ. ①F830.91

中国版本图书馆CIP数据核字(2019)第289600号

责任编辑　卢　珊
责任校对　吴媛媛　　装帧设计　宇星文化

出版发行　中国宇航出版社
社　址　北京市阜成路8号　　邮　编　100830
(010)60286808　　(010)68768548
网　址　www.caphbook.com
经　销　新华书店
发行部　(010)60286888　　(010)68371900
(010)60286887　　(010)60286804(传真)
零售店　读者服务部
(010)68371105
承　印　三河市君旺印务有限公司
版　次　2020年1月第1版　　2020年1月第1次印刷
规　格　710×1000　　开　本　1/16
印　张　14.25　　字　数　203千字
书　号　ISBN 978-7-5159-1736-8
定　价　42.00元

本书如有印装质量问题，可与发行部联系调换

前　言

对于每一位进入股市的投资者，我相信他们都是真心地爱着股市，但是也恨着股市，爱是爱它魔力般的财富宝藏，恨是恨它恶魔般的百般刁难。十八年的股市征程，我曾为大牛市里财富迅速增长而欢呼雀跃，也曾为大熊市里财富迅速缩水而歇斯底里，也曾为不知股市到底为何物而惆怅徘徊。经过多轮牛熊的洗礼，通过在股市熔炉中的自我锤炼，无数个废寝忘食的日夜，高达10万次以上的实战操盘，才终于从股海中稳健地踏步走出来，并能游刃有余地操盘。

普通投资者想要自如地操盘并非易事，市场上实战操盘的书籍并不少，但是有实用价值的却不多。所以，这几年我利用闲余时间断断续续地写了这本实战操盘的小书，目的就是让普通投资者能够在短时间内快速提高操盘技能，从而提高在股市中的收益。

做股票投资，不论是价值投资还是技术分析，亦或是趋势分析等投资方法，都离不开操盘交易。有买卖就有操盘，在何处买，在何处卖，都是操盘必不可少的分析要点。牛市有牛市的操盘策略，熊市有熊市的操盘策略，震荡市有震荡市的操盘策略。只要先识别出市场处于哪个阶段，再采用相对应的操盘策略，就可以把牛市时的高收益硕果落袋为安，熊市时防守为主的安全收益收入囊中，震荡市时游击战为主的波段收益推向最大化。

本书从市场、涨跌、主力、散户、风险、牛股、操盘这七大方面阐述了投资A股的核心法则和策略，在众多股票图书中是难得一见的，也是独树一帜的。目的就是指引投资者在最短的时间里脉络清晰地掌握股市全貌，并能自如地操盘，获取最大收益。

穿越牛熊，攫取最大化收益，是每位投资者都向往的操盘境界。而这并不是可望而不可及的事情，只要你下定决心，认真学习，不断实践，定能满载而归！

目　录

CONTENTS

第 1 堂课

识市场

第一节　股票的本源分析

一、股市的本质

股市到底是一个什么样的市场？有人说是“投资的场所”，有人说是“玩钱的心跳场所”，也有人说就是“赌场”，也有人说是“金钱游戏场”，也有人说是“骗钱的场所”，似乎有点像盲人摸象，谁说的都有理，但谁说的都不全对。正本清源，从股市的本质一点点剖析，就能看清它本来的面目。股市就是股票交易场所，而股票是股份公司发行的股东权利证明，股东具有从上市公司获取股息和红利的权利。

投资者、股票交易市场和上市公司的关系，如图 1–1 所示。

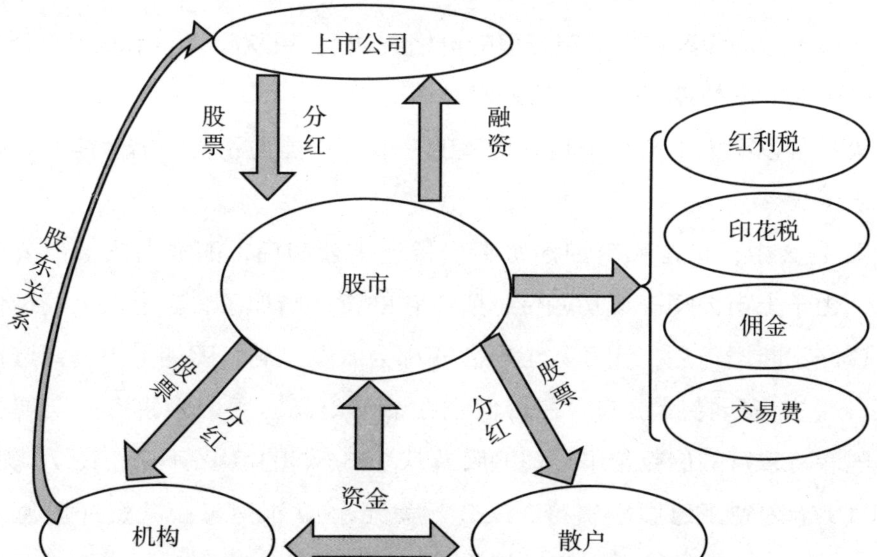

图 1–1　投资者、股票交易市场和上市公司的关系图

图 1–1 中，机构和散户为投资者，他们将自有资金通过股票市场购买到相应的上市公司股票后，即成为上市公司的股东。他们手持股票等待获取上市公司的股息和红利，而上市公司通过股票市场进行融资得到资金，以发展壮大企业，把相应的股票和未来可能产生的股息、红利分配给投资者，但这一过程都需要以股票市场为中介，会产生相应的税费，投资者在支付完这些税费后才能拥有上市公司的股份、股息和红利，这就是股票的本质，也就是所谓的“骨头”。

因为股票在交易市场里的价格有波动性，通过股票价差获取的收益，将远远高于上市公司所派发的股息和红利，所以股市成为投资者竞相追逐价差而买卖股票的交易场所。然而，一些投资者本末倒置，稀里糊涂地只顾追逐股票价差，却从不关注股票的本质，殊不知股票的本质决定着股票价格的波动性，从而决定着利差获取的难易程度。所以，投资者要想从股市中获取最大收益，必须从股票的本质入手，来选取上市公司。

二、股票资产价值

如果不考虑股票在交易市场里的价格波动性，只从股票的本质入手分析，可以得出以下三种股票资产价值的增减情况。

第一种情况为上市公司具有优良的产业运作能力和资产增值能力，如图 1–2 所示。

图 1–2 中，机构和散户投资者投资上市公司后，即成为该上市公司的股东，由于上市公司已成功融资，所以它的资产增加了。当上市公司运作良好，资产不断增值后，大多数上市公司都会派发红利。即使上市公司选择不分红，投资者所持股票的内在价值也在节节攀高，所持股票资产实现了增值。巴菲特掌管的伯克希尔公司的股票从 1964 年的每股净资产 13.78 美元，到 2013 年达到了每股净资产 11.12 万美元，49 年里每股净资产增值达到 8069.66 倍，这就是优质资产增值后，即使不分红，投资者同样可以获得投资回报。

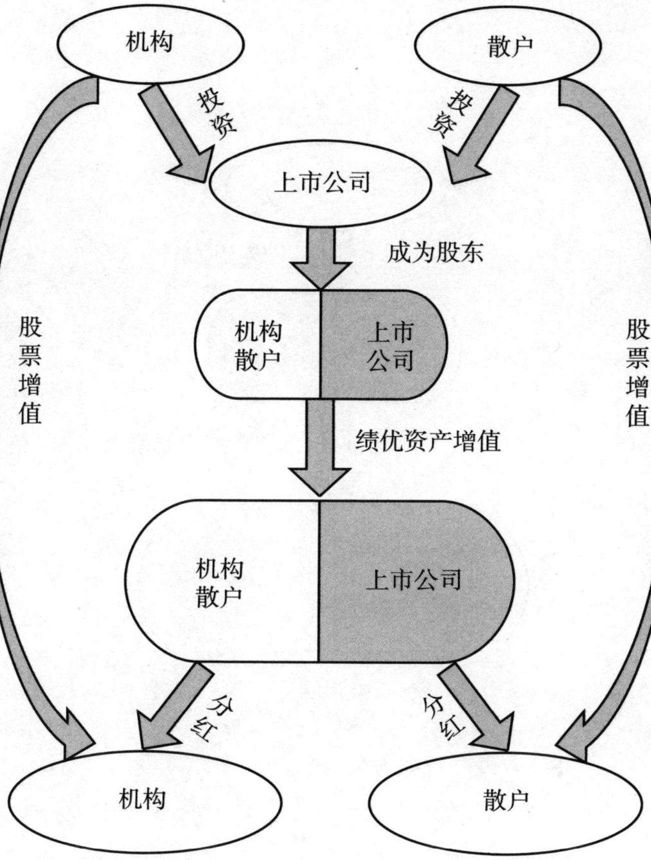

图 1–2　股票价值增值关联图

第二种情况为上市公司产业运作和资产增值能力一般，业绩时好时坏，公司资产总体上没有出现增值也没有贬值，如图 1–3 所示。

图 1–3 中，由于上市公司经营水平一般，投资者投资该上市公司成为股东后，根本享受不到公司的经营成果，因为这类上市公司没有多余的利润分配给投资者，投资者所持有的股票内在价值也不会得到增值，但也不会贬值。投资者投资该类型上市公司损失的机会成本包括固定利息或是其他稳定投资收益，沉没成本为买入股票时所缴纳的各种费用。这种类型的上市公司在股票市场里为数并不少。

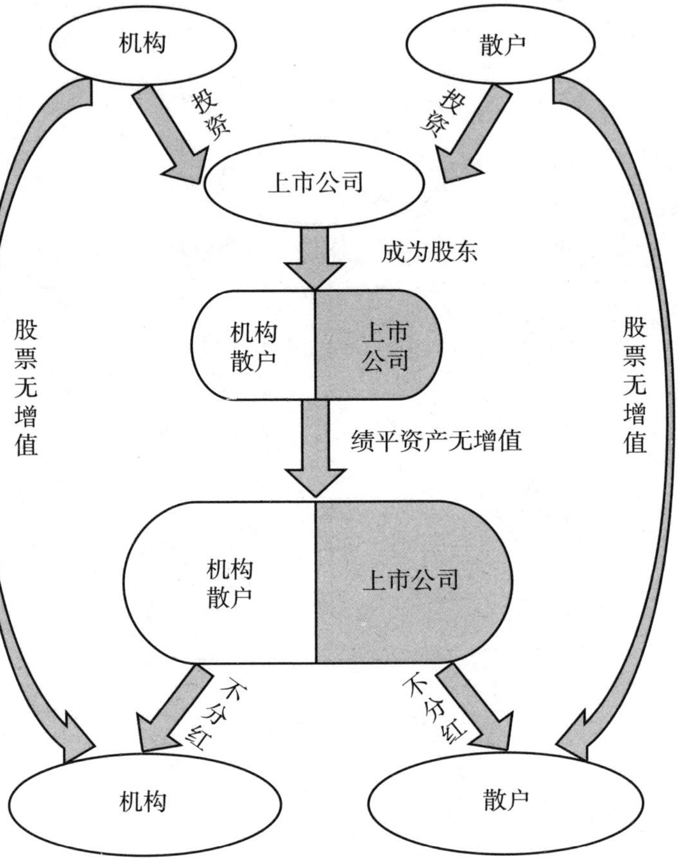

图 1–3　股票价值无增值关联图

还有一种类型的上市公司，虽然它的资产也是在不断地增值，但每年的增值幅度实在是太小了，所以笔者也把这种类型的公司划到这里。例如，一家上市公司用了十年时间（期间公司不转股和送股），使每股净资产从 10 元增加到了 11 元，总体来看，它的净资产是增加了，投资者的每股净资产也象征性地增值了，但由于增值幅度太小，投资者对这点增值没有什么感觉，但这点增值可能略高于银行固定存款利息，也算是给投资者一点心理上的安慰吧，这种类型的上市公司在股票市场里占大多数。

第三种情况是上市公司产业运作和资产增值能力差，从没赚过大钱，即使某一年赚过大钱，在下一年又巨亏。而这类公司大多数都是亏两年然后再用财务手段使第三年盈利，其实主营业务依然亏损，只不过为了不退市而做出的规避手段而已。该类型上市公司资产持续贬值，如图 1–4 所示。

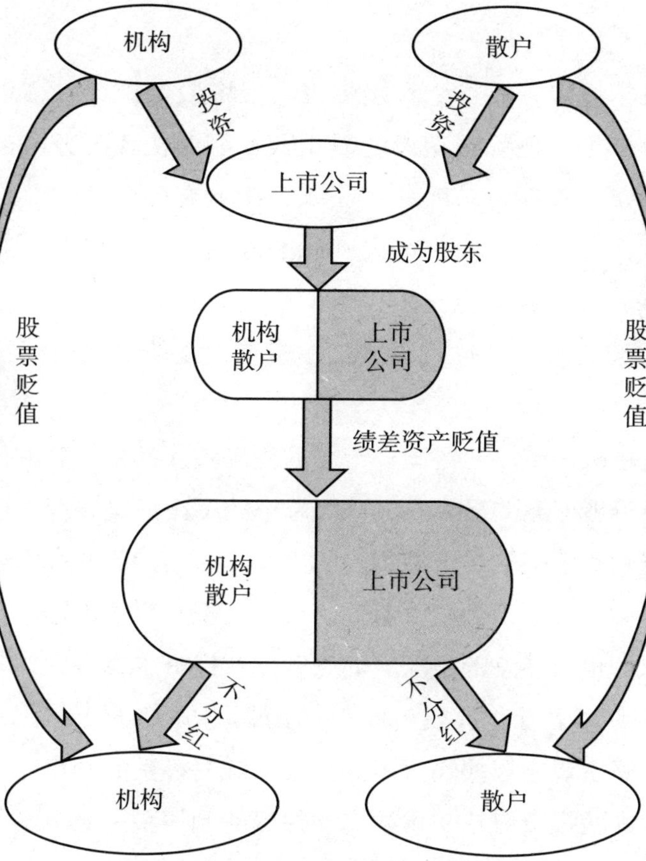

图 1–4　股票价值贬值关联图

图 1–4 中，投资者在投资这种类型的上市公司后，不但享受不到公司经营发展的利益，还会丧失本金，股票价值连连缩水。投资这样的上市公司，损失的是机会成本、沉没成本以及股票内在价值的贬值。由于我国股票市场还不完善，这种类型的上市公司依然不少，虽然这些垃圾公司暂时还不符合

退市条件，但也已经化为“仙股”，无人问津。投资者在选择股票时一定要睁大双眼，不要去选这类垃圾公司，以免遭受重大损失。

第二节 波动价差的多类别博弈

不论是机构投资者还是个人投资者，投资股票市场除了想获得股息收入外，无一例外地，还都想获得价差收入。因为在我国股市，靠股息收入还不如把现金拿去存银行获取稳定收入，而且定存银行的风险几乎为零。所以，价差收入才是获取股市最大利润的源泉。国外市场虽然上市公司的质量都比较好，分红制度也比较完善，投资股票市场获取股息是一个重要的收入源泉，但获取价差收益仍然是投资者追逐的最大目标，否则就不会有交易了。

所以不论是国内市场还是国外市场，股息收入都是基础的投资收入，价差收入才是投资者追逐的最大收入，股息率的多少只是表现了该市场的完善程度以及投资者所承担的系统性风险的大小。国外的股票市场相对完善，投资者都比较理性，专注于公司价值的研究，体现在股票市场中，就是既有超级绩优大牛股，也有绩差的长期“仙股”。从投资主体来看，美国股票市场大部分是机构投资者，个人投资者只占一小部分，并且还设置了许多准入条件，普通投资者想投资股市只能通过股票经纪人或是投资共同基金。德国人几乎不投资股票，即使投资股票，也要交纳很高的利得税。而中国香港人特别青睐股票投资市场，大约有一半的港人都投资股票。中国内地的股票市场是以散户为主、机构为辅的市场，可以说，中国股票市场拥有世界上最多的个人投资者。

股票市场是一个对信息敏感的市场，不论是出台了什么政策或是发生了重要的事件，只要涉及到相关股票，股票市场里的相应股票就会出现不同程度的涨跌。为什么股票会随着消息的好坏发生相应的涨跌？有利好就会涨吗？

有利空就会跌吗？不一定，有的股票遇到了重大利好不仅没涨，反而还会跌，而有的股票遇到重大利空还会不跌反涨。所以可以肯定的说，信息不过是主力手中利用的工具而已。主力需要建仓时，会利用利空打压股价或是利用利好拉升建仓。主力需要出货时，同样会利用利好砸盘出货，利用利空反拉升出货。散户投资者始终处于消息链中的最后一环，也就是说，不论是利好消息还是利空消息，散户投资者都是最后才得到信息，所以，散户投资者处在一个获取消息的劣势地位。这一切都是股票市场不完善和信息不对称所造成的信息壁垒，而这一壁垒恰恰是主力利用的获取利润的资源。不论是利好消息还是利空消息，都不重要，重要的是股票市场只有涨跌才能有价差，才能赚钱，所以，机构投资者和散户投资者只有拉抬股价才能赚到钱，当然，随着股市的对冲机制以及做空机制的建立，部分投资者可以卖空赚钱。股票市场里的参与者有机构投资者和散户投资者，机构投资者又分为公募基金、私募基金、社保基金、QFII、财务公司、保险公司和证券公司等大型投资者。股票市场里的大部分股票都是主力机构和散户投资者之间在斗争博弈，但也有部分股票是主力与主力之间在斗争博弈。

一、机构与散户之间的博弈获利模式

下面分析一下机构与散户之间是如何博弈的。机构做股票不是随便做的，机构的口味不同，选取的标的股也不同，有的选择绩优股，有的选择突破业绩爆发股，有的选择绩差但有题材的股票，每种类型的标的股都有各自的炒作特点。

机构想要炒作一只股票，手里要有足够的筹码才行，所以机构会选择拉升股价吸筹、打压股价吸筹和平行震荡吸筹三种方式，如图 1–5、图 1–6、图 1–7 所示。

本小节模型全部假设一家上市公司的总股本为 10 股，初始股票内在价值为 1 元，股价也为 1 元，只为投资者可以更加清晰简洁地看懂机构是如何炒作一只股票的。

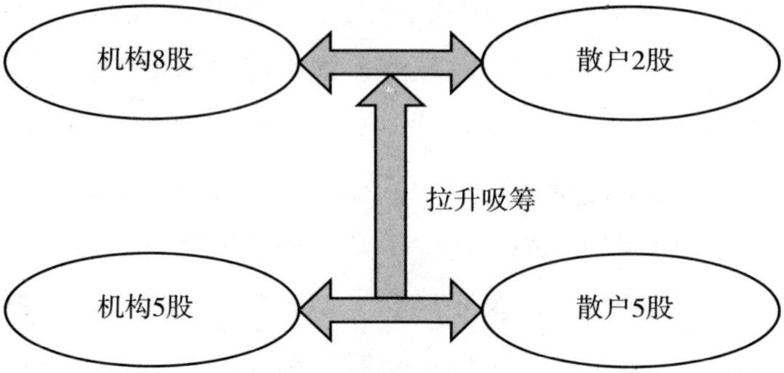

图 1-5　机构拉升吸筹

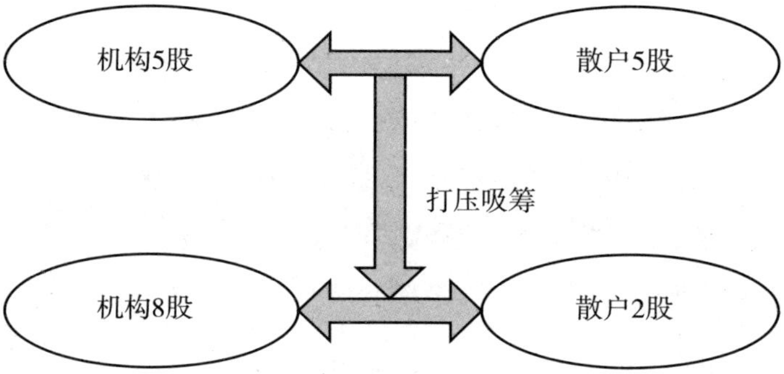

图 1-6　机构打压吸筹

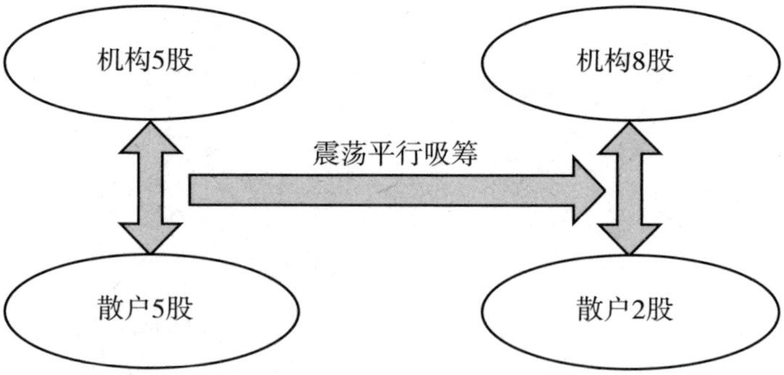

图 1-7　机构震荡平行吸筹

图 1–5、图 1–6、图 1–7 中，机构和散户最初持有的股份都为 5 股，机构经过三种方式吸筹后，最终持有 8 股，散户持有 2 股，此时机构完成了炒作股票的第一步，吸筹成功。

模式一，机构选择绩优资产增值股作为标的股，完成一轮运作的盈利模式，如图 1–8 所示。

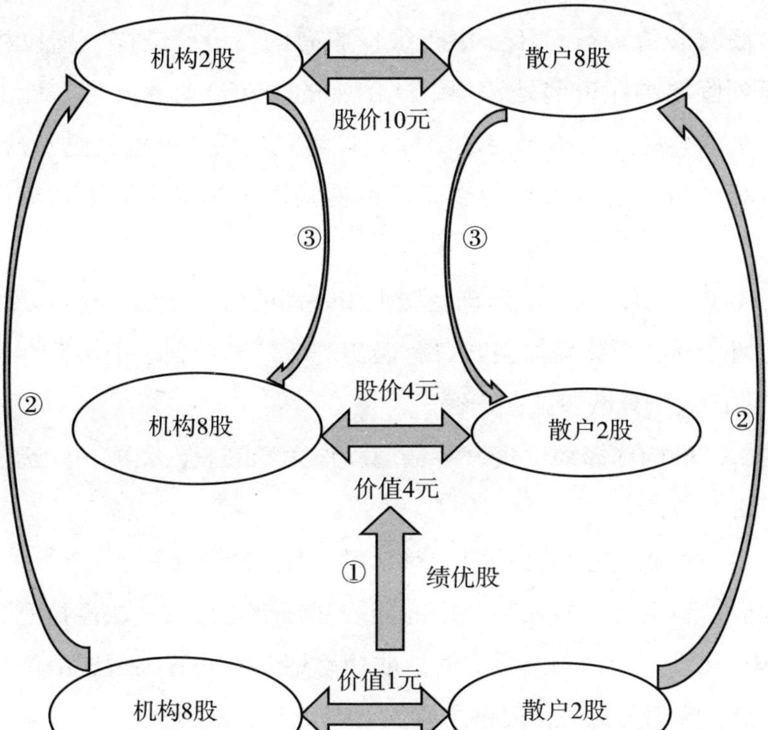

图 1–8　机构与散户博弈盈利模式一

图 1–8 中，机构完成吸筹后持有 8 股，散户持有 2 股，由于选择的是绩优股为标的股，所以标的股具有资产增值特性。

①为标的股由内在初始价值 1 元增加到 4 元，机构和部分散户一起享受标的股的增值红利。

②为机构利用绩优股的业绩强劲增长而超越股票内在价值的价格拉升，最终把股价拉升到 10 元，机构为了盈利，必须要把手中的筹码在高位派送给散户，所以，在股价为 10 元时，机构将手中持有的 8 股减持 6 股，此时手中只剩下 2 股，而散户手中从 2 股增持到 8 股，机构成功地在高位将手中的筹码兑换成现金。

③为机构成功获利套现后，要为下一轮拉升盈利做准备，会利用手中持有的 2 股对股价进行打压。由于绩优股有内在价值支撑，所以机构会把价格打压到股票内在价值处，也就是图中的内在价值 4 元处，此时股价也为 4 元，机构会在此价格上完成吸筹。吸筹完成后，机构又重新持有 8 股，而散户从高位持有的 8 股变为 2 股，机构为进行第二轮的盈利运作已经打好基础。

由图 1–8 可知，机构不但享受着上市公司的资产增值，还成功地获取了价差，可谓是赚了个钵满盆溢。只有最初的散户享受到了上市公司的资产增值和价差，而大部分散户都在赔钱。

模式二，机构选择绩平资产不增值股作为标的股，完成一轮运作的盈利模式，如图 1–9 所示。

图 1–9 中，机构在拉升前已持有 8 股，散户持有 2 股。

①为机构利用绩平股在某一段时期的利好来进行的一次性拉升，股价从 1 元拉升到 10 元，在 10 元高位时，成功地把手中的筹码派送给散户，此时机构手中持有筹码为 2 股，而散户则由 2 股上升到 8 股。

②为机构成功获取利差后，再将股价打压到初始拉升时的 1 元，再进行吸筹，等待下一次有利好消息时，再次进行拉升。

由图 1–9 可知，由于机构选取的是绩平资产不增值股作为标的股，所以机构与散户持有者一样，都不会享受上市公司的资产增值，但资产的安全性还是有保障的，因为它的资产也没有贬值。机构实实在在地赚了一大笔利差，而散户又是赔了一大笔钱。

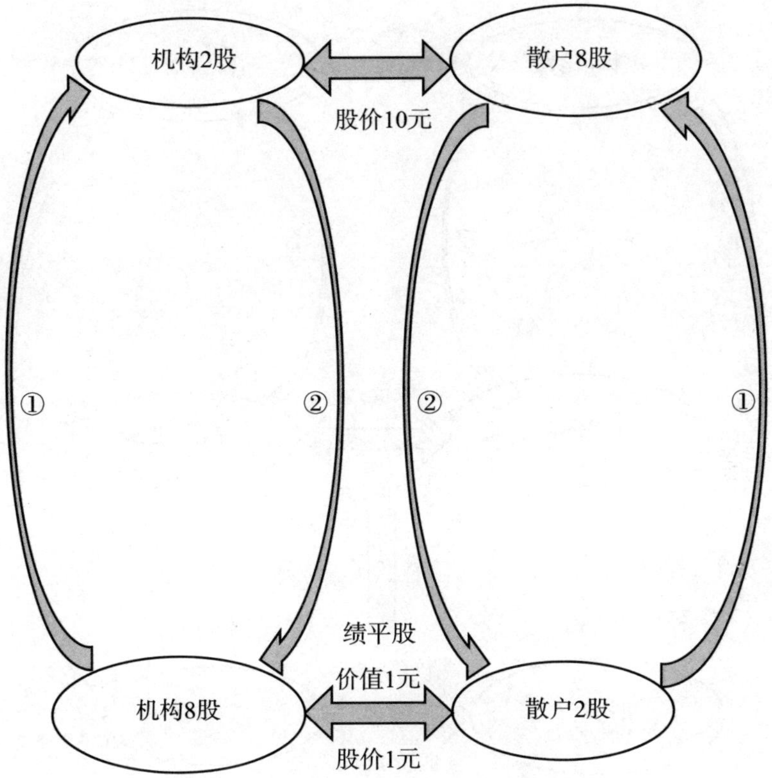

图 1-9　机构与散户博弈盈利模式二

模式三，机构选择绩差资产贬值股作为标的股，完成一轮运作的盈利模式，如图 1-10 所示。

图 1-10 中，机构在标的股内在价值为 1 元时已经吸筹获得 8 股，在利好消息的刺激下进行拉升。

①为在机构拉升期间，标的股的内在价值在贬值，已经下降到 0.5 元。

②为机构将股价进行拉升，最终将股价拉升到 10 元，在 10 元时，将手中筹码派送给散户。当成功地把筹码派送给散户后，机构就放任股价不管或是在股价下跌时悉数清空手中的筹码。

③为股价自然回落到股票的内在价值 0.5 元处，如果该股未来还有利用价值，那么机构会在此价值处重新吸筹到 8 股，为下一次拉升做准备。

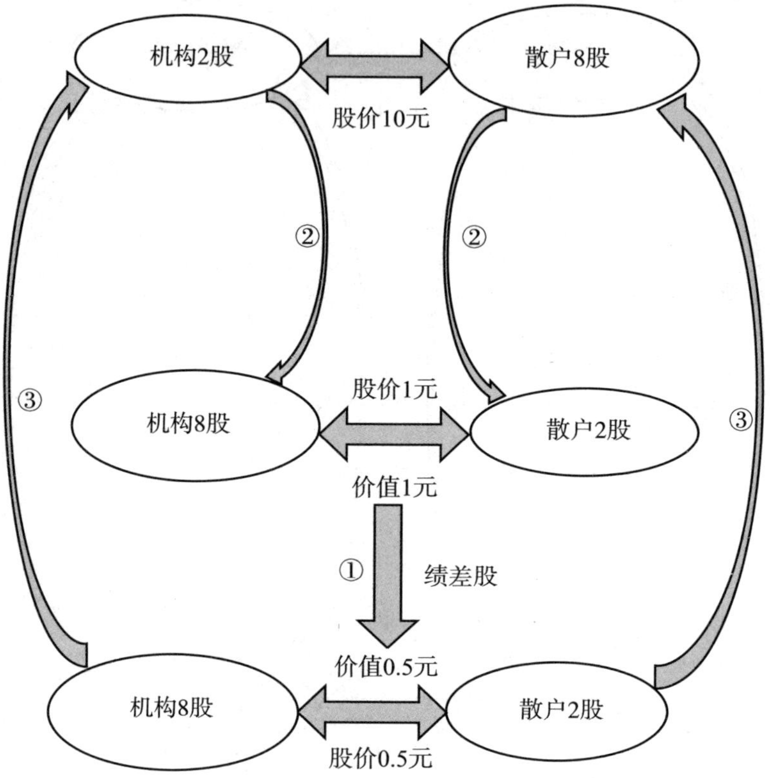

图 1–10 机构与散户博弈盈利模式三

由图 1–10 可知，机构选择业绩突然变差或者业绩一直就不理想的上市公司作为标的股的话，不但享受不到像绩优股那样的资产增值或者像绩平股那样的资产保值，资产还会贬值，但机构成功地获取了利差，在扣除资产贬值的那部分外，仍然有很大的利润，所以，机构总体来说是不会赔本的。散户几乎是全军覆灭，不但资产贬值，还没有赚到利差，白白给机构做了嫁衣。

二、机构与机构之间的博弈获利模式

有些股票是机构之间相互博弈做起来的，这样的股票没有绝对的庄家，只有哪个机构持股比例稍多一点的区别。

当大多数机构都看好一只股票并蜂拥而至时，就出现了股价一时间节节攀升的场面，而当股价达到一定高度后，各机构开始出现对股票价值的不同看法，有的机构开始减仓，有的机构选择继续持有，还有的机构选择加仓。此时股价就会进入到一种胶着状态，也许会纠缠着上升，也许会小幅下跌。当股价上升到大多数机构都认为是高点时，各机构会集体选择减仓，造成股价下跌，最后股价回归到正常的价值。这个过程中，有的机构盈利，有的机构不赔也不赚，还有的机构赔了钱。

机构间的博弈股分为绩优股、业绩不稳定股和突变绩差股。由于散户在这样的股票中持有的股份太少，所以可以不用考虑散户的盈利和亏损情况。

机构与机构之间的博弈获利模式也分为三种，假设这三种模式的标的股都为一只刚刚上市的新股，此时机构和散户的持股比例相同，都是 5 股，上市公司的每股内在价值为 1 元，股价也为 1 元。因为是机构之间的博弈，所以各个机构首先要从散户手中吸取到原始筹码，由于散户具有持股时间都不长的特点，部分机构就在股价上升初期大量买入散户抛掉的筹码，而不再卖出，这样一来，散户持股数量越来越少，机构持股数量越来越多，当百分之八十的筹码都集中在机构手中时，散户手中持有的那百分之二十筹码就不算多了。

一个机构如果参与到博弈游戏当中来，它能否获利就完全取决于介入该股的时间以及买入该股的价格了，当然，越早介入的机构获利的可能性越高，但如果它在稍微获利的情况下就卖出筹码的话，那它的获利程度可能远不及后来介入的机构。有些机构虽然选择在股价高位进入，但进入后发现情况不妙，又及时卖了出去，那这些后来介入的机构也不会招致亏损。所以，机构间的博弈股是最能检验各个机构的投资能力和风控能力的标的股了。

模式一，各机构都选择绩优资产增值股作为标的股，完成一轮博弈的盈利模式，如图 1–11 所示。

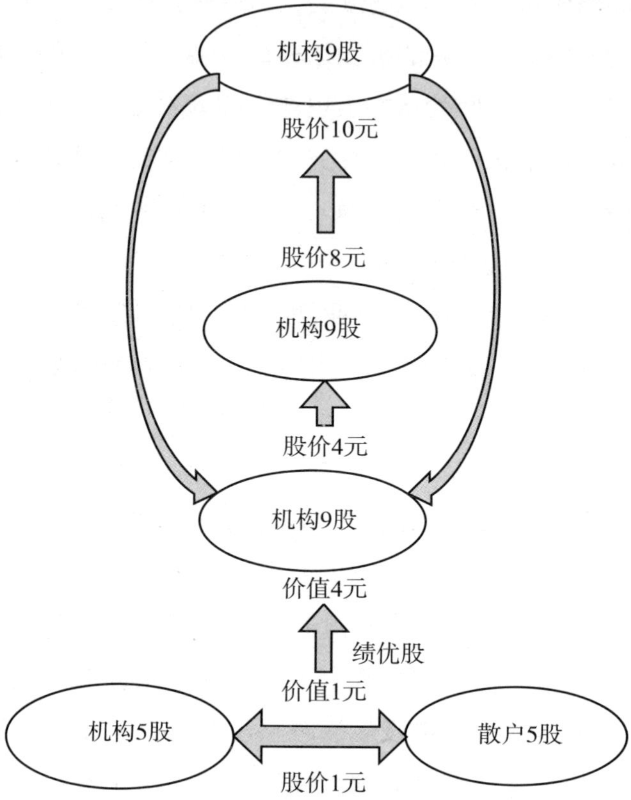

图 1-11　机构与机构博弈盈利模式一

图 1-11 中，机构在该股内在价值达到 4 元时，已经持有筹码 9 股，而散户手中仅持有 1 股，在以后出现利好消息或行情向好时，机构就以这 9 股来进行博弈，从而推高股价。当股价达到 10 元时，大多数机构都认为股价存在严重的泡沫了，就会争相抛售股票，股价又会回到价值支撑处 4 元。在这个过程中，有的机构在高位 10 元成功抛掉了手中的筹码，从而获利，而有的机构没有及时抛掉手中的筹码，获利回吐，还有部分机构高位买入筹码，招致了亏损。只有最初股价 1 元时持有筹码并且一直持有到高位才卖出的机构，才会获得资产增值和利差的双重利润，而没有一直持有到股价高位的机构也不会亏损，而是会享受到资产增值带来的利润。

绩优股一向是机构的最爱，一只新上市的新股，如果是绩优股的话，就会引起机构的争相买入，从而使该股的股价持续攀高，直至股价严重透支它的业绩所支撑的内在价值时，才会回调到相应的价值增值区域，而后会再有一批看好该股的机构进入该股，以期待该绩优股的内在价值继续增值。

模式二，各机构都选择业绩大起大落、资产不增值也不贬值的股票作为标的股，完成一轮博弈的盈利模式，如图 1–12 所示。

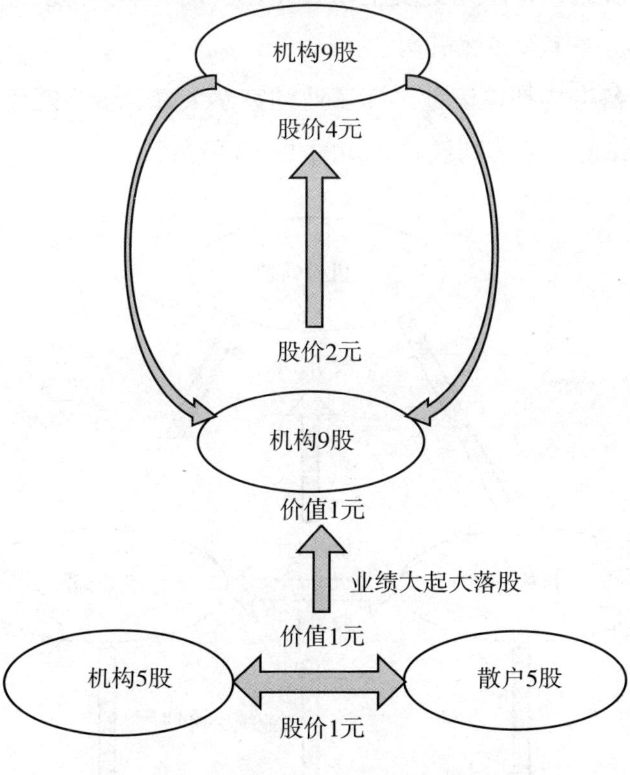

图 1–12　机构与机构博弈盈利模式二

图 1–12 中，在该股一段时期业绩突涨，股价达到 2 元时，机构成功地从散户手中获取筹码，此时机构持有 9 股，而后在机构间的博弈下，股价攀升到 4 元。因为该类型股属于业绩突然大涨，而后又大落的标的股，所以该股的内在价值是没有增值的。当业绩又突然大落时，众机构会一窝蜂地卖出，

股价又回到初始的价格 2 元。

该机构博弈盈利模式中，所有机构都没有享受到资产增值的利润，只有部分机构获得了利差收益，而大部分机构是不赚钱的。这种类型的股票走势大多数时候都表现为大幅箱体震荡的形式，有的机构能够把握住这种股价走势的规律，从而获得利差收入，有的机构始终持股，没有大赚也没有大亏，也有一部分机构总是高点买入，低点卖出，导致亏损。众多机构之所以会进入这种类型的股票，是因为这类上市公司在一定时期会出现业绩暴增，短暂的“绚丽”迷惑住了大多数机构。

模式三，各机构都错误地选择了业绩突然大降、资产贬值的股票作为标的股，完成一轮博弈的盈利模式，如图 1–13 所示。

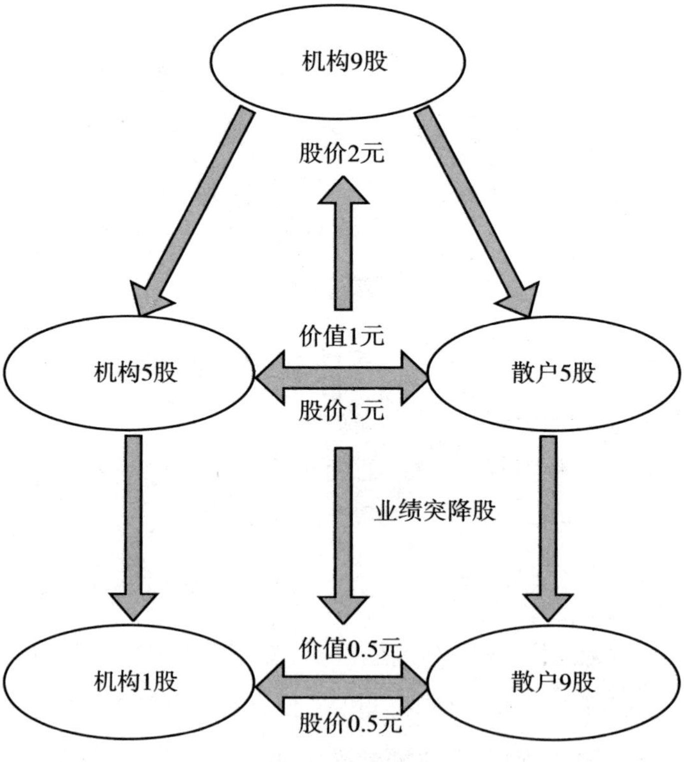

图 1–13　机构与机构博弈盈利模式三

图 1-13 中，在该股上市价格为 1 元时，机构和散户各持有 5 股，众机构都看好该上市公司的发展前途，但事与愿违的是，该公司上市不久后就业绩大变脸，致使众多机构在股价刚刚抬升到 2 元，也成功地从散户手中拿到筹码时，迫不得已地赶紧避开业绩地雷，恐慌地抛掉手中的筹码，使该股很快回到 0.5 元时的价值支撑线。

这种类型的机构博弈中，大部分机构都没有赚到钱，只有少数机构在该股价值为 1 元时持股并且在股价上升到 2 元时及时卖掉获得盈利。该类型股在新上市的中小板和创业板中尤为常见，众机构不幸都选择了这样的标的股进行炒作拉升，显然是找错了对象，所以，最终众机构宁可亏损也要抛掉手中的筹码，给愿意接盘的散户投资者，除非该股未来能够有实实在在的业绩提升，否则机构是不会再介入该股的。

该模型中只有一小部分机构是赢家，大部分参与博弈的机构都是输家，作为一名散户投资者，更要时刻注意不要选业绩突然大变脸的上市公司，否则会招致巨大的亏损。

第三节 五大外围市场的导向效应

一、经济走势对股市的影响

改革开放以来，中国积极融入到了世界经济贸易的大家庭中，2002 年正式成为 WTO 的会员国后，标志着国际间贸易地位的正式确立。纵观中国对外贸易的发展历程，不难发现中国与贸易伙伴的关系变化，九十年代初到 2000 年期间，日本是中国的第一大贸易国，美国第二，欧盟第三。而 2002 年到 2006 年间，美国成为了中国的第一大贸易伙伴，日本第二，欧盟第三。从 2007 年到 2018 年，欧盟成为中国的第一大贸易伙伴，美国位列第二，日本第三。中国与俄罗斯的贸易额也在逐年增长。

有交流才有贸易，有了贸易才有了联系，有了联系才有了你中有我我中有你的经济格局。在对外贸易中，各国都以自己国家的经济利益为导向，以保护本国民族经济为主，在贸易往来中就不可避免地出现保护与反保护、壁垒与反壁垒、设限与反设限的贸易斗争。斗争的激烈程度从另一个方面更加证明了国家间经济联系的紧密性，因为没有贸易，就绝不会有贸易纠纷。股市作为各国经济发展的晴雨表，不可避免地也与其他国家的股票市场联系到了一起，而联系的纽带正是贸易往来中的商品。

国内外经济对股市的关联影响，如图 1–14 所示。

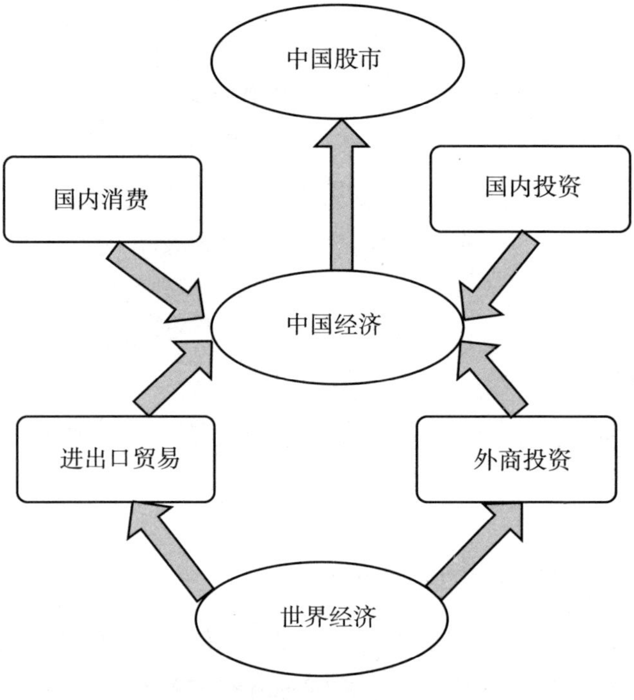

图 1–14　国内外经济对股市的影响

图 1–14 中，世界经济主要通过进出口贸易和对中国的投资来影响中国经济，进而影响中国股市。中国经济则主要受国内消费、国内投资以及世界经济三方面的影响，中国经济发展的好坏直接影响着上市公司的业绩，从而影响股市的强弱。

二、外围股市对中国股市的影响

目前，与中国贸易往来最密切的是欧美和日本等发达国家，当这些国家的内部经济或政策出现一些问题时，会影响本国股市的暴涨或暴跌。虽然对与中国的贸易没有不利的影响，但我们会看到这样一种现象，就是当欧美股市出现暴涨或暴跌时，这种暴涨或暴跌效应会隔夜传到大洋彼岸的中国股市和世界上其他国家的股票市场，中国股市表现为早盘开盘的大幅高开或低开。尽管从经济角度来看，有时引起欧美国家股市暴跌的原因似乎一点都不关中国的事，但影响却在股市早盘实实在在地表现了出来。但这种表现也仅仅出现在早盘，收盘时的结果并不一定真的是暴涨或暴跌。

美股暴涨暴跌对中国股市当天走势的影响，如表 2–1 所示。

表 2–1　美股暴涨暴跌对中国股市当天走势影响

美股 A 股市场	暴涨	暴跌
熊市下跌途中	高开低走	低开低走
熊市反弹途中	高开高走或大高开小高走	低开高走
熊市反弹底部	小高开高走或大高开小高走	低开小高走或低开小低走
熊市反弹顶部	高开低走或大高开小高走	低开低走或低开小高走
牛市回调途中	高开低走	低开低走
牛市上升途中	小高开大高走或大高开小高走或大高开大高走	小低开大高走或大低开小高走
牛市阶段底部	大高开小高走或小高开小高走	小低开小高走或大低开小低走
牛市回调顶部	高开高走或高开低走	低开低走或低开小高走
震荡市下跌途中	高开低走	低开低走
震荡市回升途中	高开高走	低开高走
震荡市下跌底部	低开高走	低开小高走或低开小低走
震荡市回升顶部	高开小高走或高开低走	低开小高走或低开大低走

表 2–1 列出了美股暴涨暴跌对中国股市当天走势的影响，当然，世界上没有百分百的事，制作该表是给投资者一个参考依据，以便及时作出正确的投资决策。

三、外汇市场对中国股市的影响

外汇市场对中国股市的影响，如图 1–15 所示。

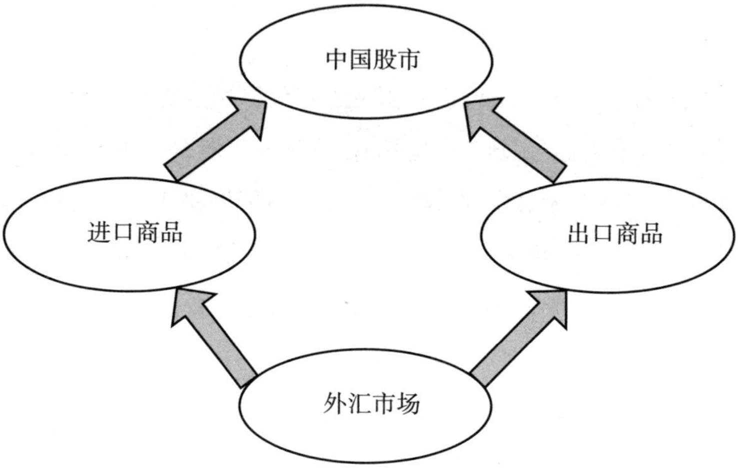

图 1–15　外汇市场对中国股市的影响

由图 1–15 可知，外汇市场的汇率变化主要是影响进口商品或出口商品的价格，进而影响从事进出口贸易的上市公司的业绩，这些上市公司的股价高低又直接影响着中国股市的表现。

当汇率增高，也就是人民币升值时，对于航空、造纸、石油以及其他从事进口贸易的上市公司是利好，对于从事出口贸易的上市公司和在国外从事工程或劳务的上市公司是利空。当汇率降低，也就是人民币贬值时，对于从事出口贸易的上市公司和在国外从事工程或劳务的上市公司形成利好，对于航空、造纸、石油以及其他从事进口贸易的上市公司则是利空。汇率增高，刺激国人出国旅游，汇率降低，刺激外国人来华旅游。

四、黄金市场对中国股市的影响

黄金市场对中国股市的影响，如图 1–16 所示。

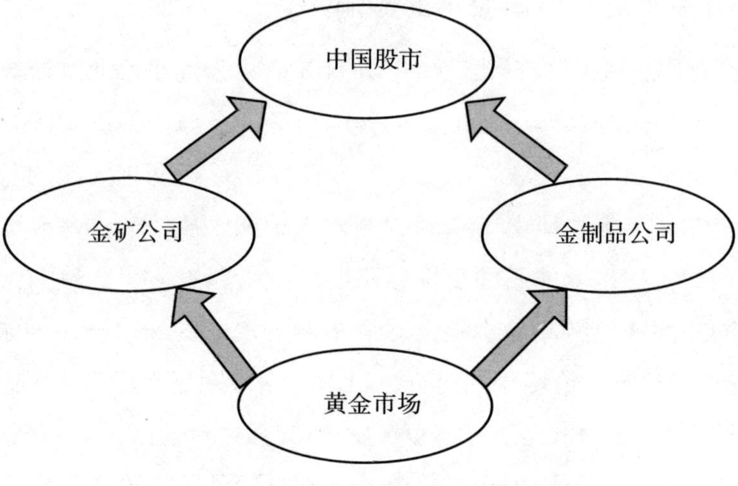

图 1–16　黄金市场对中国股市的影响

国际上主要的黄金交易市场主要设立在伦敦、苏黎世、纽约、芝加哥和香港。这些黄金市场在运作中各有特点，如伦敦黄金市场是黄金定价和结算中心，苏黎世黄金市场是现货交易中心，纽约黄金市场是期货交易中心。

伦敦黄金交易市场是世界上第一个黄金交易市场，其交易量一度占世界黄金交易量的 80%，因此起着世界黄金交易结算中心的作用。我国于 2002 年 10 月 30 日成立了上海黄金交易所。

由图 1–16 可知，黄金市场的价格波动影响着金矿公司的开采量和黄金制品公司的销售量，金价上升，金矿公司就会加大开采量，以获得更高的利润，而黄金制品公司或经营黄金制品的公司也会提高其金制品的销售价格，从而提高业绩，所以，金价上升，对于黄金相关的一系列产业公司构成利好，反之亦然。金矿公司和金制品公司的业绩高低决定着其股价的高低，进而影响股市的涨跌。

股票市场中的黄金矿业公司的股价走势是受国际金价走势和国内股票市场整体走势的双重影响的，例如，上市公司中金黄金（600489）和山东黄金（600547）这两只股票的走势就与国际市场的金价走势趋同。

五、石油市场对中国股市的影响

目前全球范围主要的石油现货市场有 5 个，分别是西北欧市场、地中海市场、加勒比海市场、新加坡市场和美国市场。全球范围主要的石油期货市场有纽约商品交易所、伦敦国际石油交易所以及最近两年兴起的东京工业品交易所。纽约商品交易所上市交易的西得克萨斯中质原油，是全球交易量最大的商品期货，也是全球石油市场最重要的定价基准之一。伦敦国际石油交易所交易的北海布伦特原油也是全球最重要的定价基准之一，全球原油贸易的 50% 左右都参照布伦特原油定价。日本的石油期货市场虽然历史很短，但交易量增长很快，在本地区的影响力也不断增强。我国自 1998 年起，原油的作价机制开始与国际市场接轨，目前绝大部分原油的作价是与印尼的部分原油联动，少部分原油与马来西亚的 TAPIS 联动。

图 1–17 中，石油市场的价格波动不但影响着石化公司的采油和炼油成本，还会影响相关公司（航空公司、汽车公司、化纤公司等）的运营成本，从而影响这些公司的业绩，进而影响到股市的强弱。原油价格上升除了利好石油开采和销售公司外，对于航空业、汽车产业以及化纤产业都是利空，航空业增加了燃油成本，汽车产业销售不畅，化纤产业成本急剧上升，从而使这些产业的上市公司业绩下降，股价下降，反之亦然。

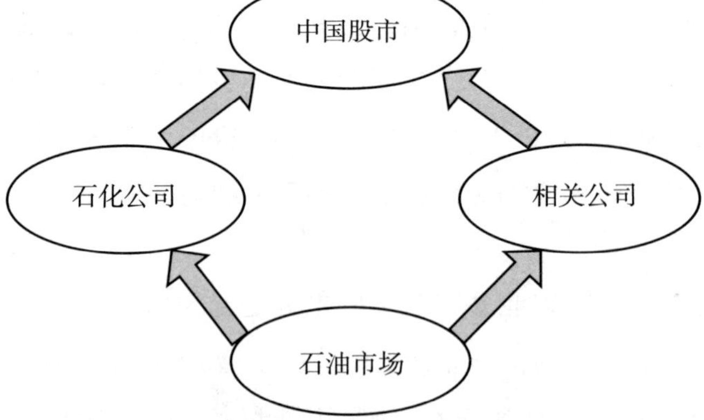

图 1–17 石油市场对中国股市的影响

另外，石油输出组织——欧佩克，对国际石油市场的价格走势也起着不可小视的作用。每当欧佩克宣布限产或增加石油供应时，国际原油市场的价格走势都会出现一番震荡。欧佩克组织在近年曾多次使得石油价格暴涨，来抗衡美国等西方发达国家。

第四节 三大内围市场的导向效应

一、国内期货市场对股市的影响

图 1-18 中的生产公司指的是生产期货市场交易品种或以期货市场交易品种为原料的上市公司。券商公司指的是那些参与了部分期货经纪业务的证券公司。

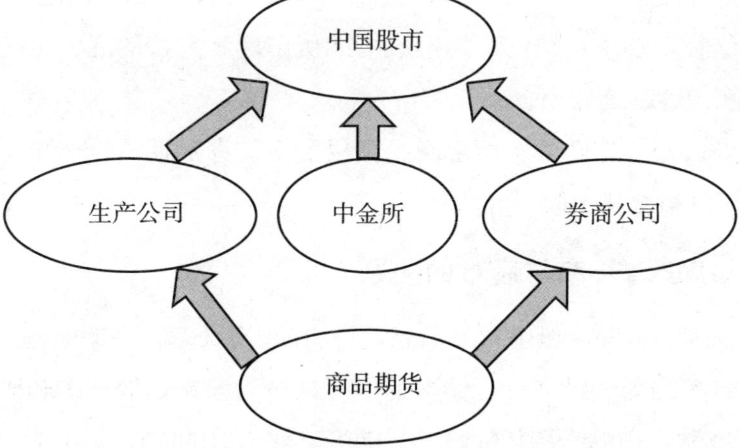

图 1-18 国内期货市场对中国股市的影响

我国现在有三大期货交易所，分别为上海期货交易所、大连商品交易所、郑州商品交易所。上海期货交易所的主要交易品种为有色金属和螺纹钢，大连商品交易所的主要交易品种为玉米和大豆，郑州商品交易所的主要交易品种为白糖、小麦、棉花、PTA 及玻璃，中金所交易股指期货。

商品期货的交易价格波动影响着相关上市公司的经营成本和业绩，从而使得相关上市公司的股价受到影响。例如，郑州期货交易所的白糖期货价格持续走高，对于从事糖产业的上市公司贵糖股份（000833）就是利好，会使该上市公司的业绩大幅增加，进而使得股价在一定时期内出现上扬。如果棉花的期货价格持续走高，对于上市的服装企业来说就是利空，因为提高了服装企业的成本，影响了利润率。同样，某一种或是所有的有色金属期货持续走高的话，就会对有色金属相关上市公司形成利好。

由于现阶段中金所的股指期货参与者还不是很多，许多机构都还没有介入，所以，现阶段股指期货对于股市的涨跌影响有限，如果未来众多机构和大户都参与到了股指期货中，会对股市有一个直接的影响，体现在以下几点。

第一，会对股市资金产生分流作用，减少股市的交易量；第二，一批大盘蓝筹股更加受到机构的亲睐；第三，因为有了对冲机制和做空机制，使得股市有价值发现功能；第四，如果股指期货市场不完善的话，可能会对股票市场有助涨和助跌的作用。

所以投资者一定要多多留意商品交易所里的商品期货价格和股指期货走势，以便识别机会和风险。

二、GDP 增长率与股市的关联

衡量一国经济发展最主要的指标就是 GDP 增长率，该指标也是目前众多国家使用最多的衡量经济运行情况的指标之一。股市是经济的晴雨表，通过 GDP 增长率与股市综合指数的对比，即可了解二者的内在联系。

图 1–19 是我国从 1990 年到 2018 年 GDP 增长率与同期的上证综指走势对比图。

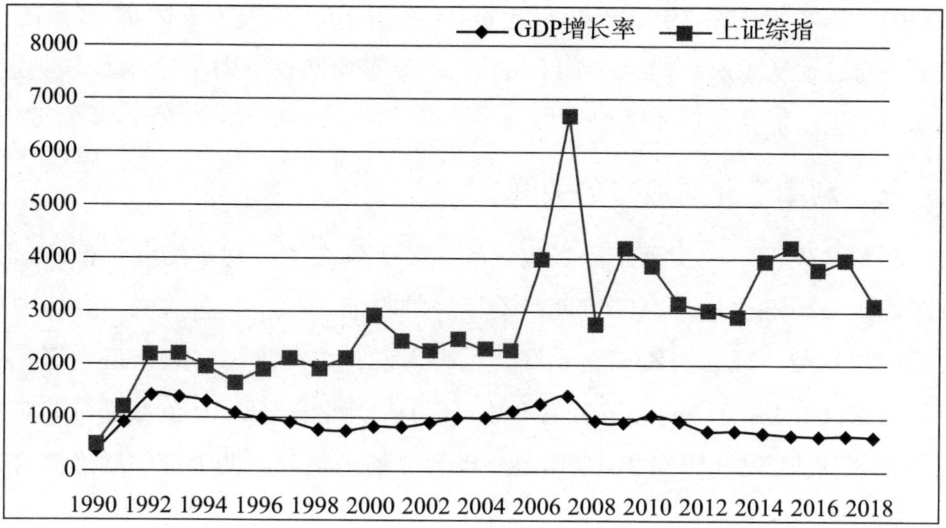

图 1-19　GDP 增长率与上证综指的走势对比图

由图 1-19 可知，从 1992 年到 2000 年，我国的 GDP 增长率在下降，而上证综指在震荡上升。从 2001 年到 2005 年，GDP 增长率在缓慢攀升，而同期上证综指在震荡下行。从 2005 年到 2007 年，二者都在攀升。2008 年，二者都在同步下降，2009 年二者同步上升，2010 年二者平行震荡，2011 到 2012 年，二者同步下降。2013 年到 2018 年，GDP 增长率走势趋于平缓，而同期的上证综指却经历了高升、平行后，到 2018 年又下降到 2013 年的点位。

所以，得出的结论为，中国的 GDP 增长率在 1993 年到 2003 年时与上证综指走势相背离，在 2004 年到 2012 年基本与上证综指走势趋同，也就是说，从 2004 年以后，中国股市还是真实地反映了经济的变动。而 2013 年到 2018 年两者走势中途背离，到最后尽管上证综指点位回归到 2013 年的点位值，但总体来看这一时期的股市超前反映了经济的变动，最后做了联动的回归。

值得一提的是，美国 GDP 增长率自 1950 年开始到 2012 年，始终保持在 2%~3% 之间，但美国股市从 1980 年开始就正式步入牛市，期间只在 2001 年和 2008 年进行过调整，所以，美国股市走势与 GDP 增长率走势并不趋同。日本股市在 1992 年开始就彻底结束牛市，步入了长达 20 多年的大熊市，而日本从 1992 年到 2012 年的 GDP 年平均增长率为 1.5%，比较稳定，日本股市也没能体现日本的经济发展。

三、利率变化与股市的关联

利率是央行调控货币市场供应量的重要工具之一，利率的变化直接影响到市场中货币的供应量，间接地影响经济的收缩和扩张。有人说，央行加息对股市是利空，减息对股市是利好，也有人说，央行加息对股市是利好，减息是利空，因为加息说明经济繁荣高涨，减息说明经济不景气。到底谁说的对？不妨看一下从 1993 年到 2012 年这些年利率的调整与同期上证综指走势对比图，如图 1-20 所示。

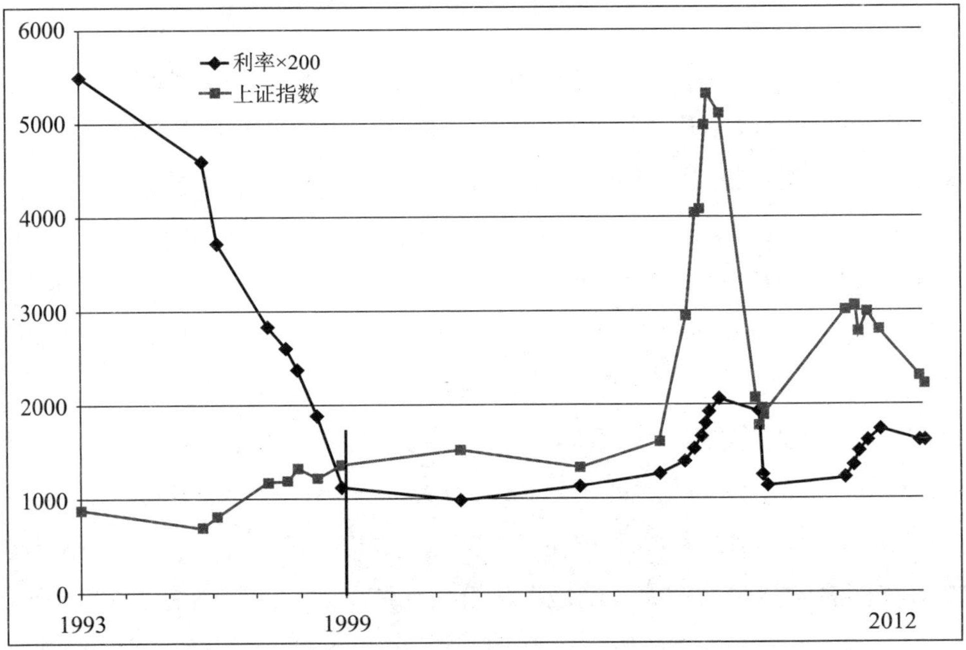

图 1-20　利率变化与上证综指走势对比

由图 1-20 可知，从 1993 年到 1999 年，我国的利率调整是下降的，而同期的上证综指是上升的。从 1999 年到 2012 年，二者的走势基本趋同。所以，得出的结论为，从 1999 年以后，利率上升并不能阻止股市趋势的上升，利率下降也不能阻止股市趋势的下降。通俗一点讲的话，就是央行加息对股市不是利空，同样，央行减息对股市也不是利好。

第五节　市场规则的利多利空研判

我国的股市还很不完善，在未来发展中，还会陆续出台很多政策和措施。每次出台新政策，都会在股市里掀起轩然大波，投资者分为好几派，有的说这项政策是利空，有人说是利好，监管层说这项政策只是一个工具而已，无所谓利好和利空。不管怎么说，也不管谁说，市场会给出一个最终答案，那就是，不论是哪个部门出台什么政策或措施，只要这项政策和措施最终是给市场增添资金的，那对于市场来说，就是利好；而最终是从市场中抽取资金的，那对于市场来说，就是利空；既不在股票市场里增添资金，也不从市场里抽取资金的，对于股票市场来说就是中性的，这是谁也改变不了的事实。

面对一项政策或措施的出台，能够冷静分析判断的投资者并不多，大多数投资者都是第一时间上网或是查看相关报纸关于新政策或措施的评论，思路就跟着别人走了，如果因为这些评论的观点而头脑发热去买卖股票的话，十有八九都是错误的。

一、政策影响分析

如图 1–21，为政策或措施出台后，投资者评判标准的流程图，非常简单、方便和实用，投资者自己很快就能对新出台的政策或措施加以分析，根本不用四处查看所谓的专家评论了。

图 1–21 中，如果一项政策或措施的出台，既有可能从股市中抽取资金，又有可能给股市增添资金的话，就要看抽取资金量和增添资金量孰大孰小了。

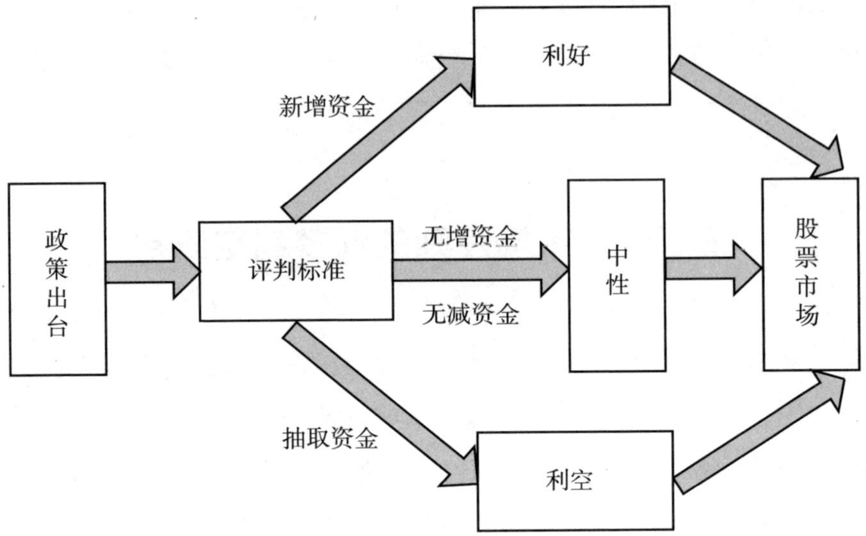

图 1-21 判断新出台政策或措施对股市的影响

二、开设融资融券的分析

从股市监管层的决策角度来看，先推行融资融券，而后再设立国际板，是证券市场走向成熟的标志，只不过监管层要看市场的走势后再适时地推出。一石激起千层浪，市场上出现了较为强烈的反对声音，认为融资融券和国际板是重大利空，不希望监管层推出。而监管层对外界发出的声音是，融资融券是中性的工具，国际板是有利于国内证券市场迈向国际化的标志，已经开通的沪港通、深港通是国内市场的互通，而香港的国际化地位，又为早日开通沪伦通打下了坚实的基础。

关于融资融券究竟是利好还是利空，亦或是中性的工具，你一言，他一语，争论没有什么意义，既然是涉及股市的，不妨就从市场的角度出发，来分析一下到底是利空还是利好亦或是中性工具。

关于融资融券，在中国股市里可以说是又一个创举，意味着市场又向前走了一步。当然，跟美国股票市场相比还是有区别的。因为投资者想要融资融券，就必须要向出借人那里借来，而借不是白借的，是要交手续费的，而美国的股市，股票是可以直接卖空的，这是本质的不同。

不论是融券还是融资，过程都如图 1-22 所示。

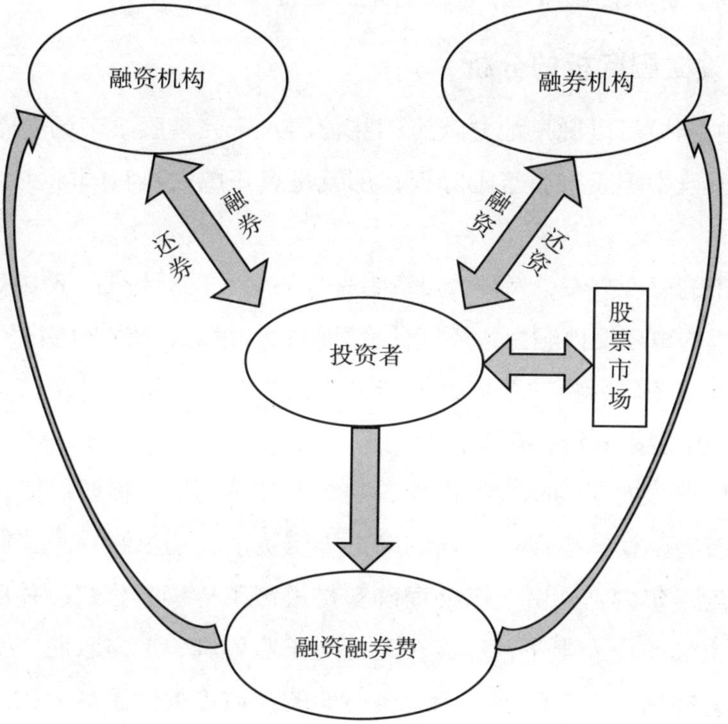

图 1-22　投资者融资融券流程图

由图 1-22 可知，融资机构和融券机构并不是真正的市场参与者，他们提供的资金或者证券是要求投资者在一定期限内归还的，并且不论投资者是否盈利，都要交融资融券费。表面上看，融资机构为投资者提供了资金，好像市场里的资金增加了，在大盘处于底部时期有助于股市的上涨。而融券机构提供证券，在大盘处于高位时，新增加的证券提高了证券的供应量，从而抑制股票过度投机，有利于市场的合理定价。所以，从监管层的角度来看，是一个中性的工具。但投资者不难发现，每一次融资融券的过程，融资机构的资金一点没有损失，而且还增加了，融券机构的证券数量也没有变，并且也增加了资金，而投资者的整体资金量一定是变少了的。所以，不论是融资还是融券，都是从市场里抽血的。就好像在赌场里，庄家提供金钱或筹码让你赌博一样，你认为庄家是一心一意地想让你赢钱吗？

三、设立国际板的分析

设立国际板可以说是地方政府和监管层对于完善股票市场要做的一件头等大事。一旦中国股市有了国际板，那就是真正成为具有国际性质的证券市场了。

从股市的表现来看，大多数投资者是反对设立国际板的，理由是：第一，自家市场里的事还没搞明白，还搞什么国际板；第二，害怕外资来"吸血"；第三：觉得投资国际板对于自己的能力来说，有点困难。其实，从理性的角度和市场的角度来分析，答案就很明了了。

如果监管层对于国际板的设立，制定了完善的财务披露制度、强制分红制度、投资者赔偿制度以及严格的筛选外资优质公司机制等一些重要措施，而且在五到十年内，外资上市公司确实是进行了持续的分红，并且分红额已经超过融资额的一大半了，那么，无论对于监管层、地方政府、交易所、投资者来说，都是一件大利好，因为各方面的利益都得到了最大的满足，达到了最大化的利益均衡。如果监管层没有制定出完善合理的国际板规则，正如部分投资者说的那样，外资公司来上市只管拿钱，根本不分红的话，那对于监管层、地方政府、交易所和投资者来说，都是一个不好的结果，而对于付出真金白银的投资者来说，无疑是一个大利空。

四、新股发行分析

股票市场处在熊市时期，投资者亏损严重，情绪上也很波动，起初并没有在意的股票发行，再一次纳入到了投资者眼中。"我说这么跌跌不休呢，原来是新股发行一直在吸血"，有的投资者会这样抱怨。而监管层却说，股市的跌与涨与股票的发行速度无关，股票有自己的内在运行规律。

持续地发行新股对市场是利空还是利好？从市场的角度来分析，发行新股体现了市场所具备的融资功能，而上市公司的持续分红又体现了市场的投资功能。如果一个市场的融资功能大于投资功能的话，这个市场肯定是一个不值得投资的市场，这样的市场在一定的时间里必将遭到投资者的唾弃，进而又使得该市场的融资功能丧失贻尽，股市的内在运行规律就在人为的情况下失去平衡了。而如果一个市场的投资功能大于或均衡于融资功能的话，这个市场一定是一个交投活跃的市场，因为它所具有的投资功能正在吸引着无数投资资金涌入，而投资者的不断涌入，又进一步增加了这个市场的融资功能，使得更多优秀的企业融到资金，此时的市场才是有着真正的内在运行规律在运行的市场。

如果一个股票市场具有投资功能的话，即使是熊市里持续地发行新股，对于投资者来说仍然是利好，因为在熊市里投资者以更加廉价的价格买到了那些优秀的具备投资潜质的上市公司。如果一个不具备投资功能的市场，哪怕是熊市不发行新股，牛市时持续发行新股，对于投资者来说，也是一个利空，因为你在牛市时花了很高的价格买了没有投资功能的上市公司。所以，监管层和投资者对于新股持续发行的看法不同，究其原因是二者对于中国的股票市场到底是投资功能大于融资功能，还是融资功能大于投资功能的市场定性不同。

五、科创板开板分析

2019 年 6 月 13 日科创板正式开板，标志着党中央国务院关于设立科创板并试点注册制这一重大改革任务的落地实施。中央决定在上交所设立科创板并试点注册制，对于完善多层次资本市场体系，提升资本市场服务实体经济的能力，促进上海国际金融中心、科创中心建设，具有重要意义，为上交所发挥市场功能，弥补制度短板，增强包容性，提供了至关重要的突破口和实现路径。设立科创板并试点注册制是提升服务科技创新企业能力，增强市场包容性，强化市场功能的一项资本市场重大改革举措。通过发行、交易、退市、投资者适当性、证券公司资本约束等新制度以及引入中长期资金等配套措施，增量试点，循序渐进，新增资金与试点进展同步匹配，力争在科创板实现投融资平衡、一二级市场平衡、公司的新老股东利益平衡，并促进现有市场形成良好预期。

科创板的开板，体现了从国家层面改革证券市场的决心和意志。现在证券市场还有着这样那样的内外部矛盾，不可能一刀切式的破除陈疾，只有先豁出一道口子，而后再逐步将证券市场理顺。科创板史无前例的注册制、上市后的前 5 个交易日不设价格涨跌幅限制、之后的涨跌幅限制为 ±20%、盘后固定价格交易等新的交易机制，以及科创板不允许借壳、退市机制市场化等这一系列规则，都将促使散户投资者走向成熟，理性投资，也为机构投资者发现市场定价功能，培植市场增量价格功能提供了完善的通道。相信科创板未来将大有作为，是证券市场改革的桥头堡、领路人，也是各路投资者尽情施展才能，大放异彩的舞台。

第六节　价格泡沫的研判

一、股市泡沫的特点

股市有没有泡沫，要看是处在什么样的市场中，牛市中股市的泡沫最大，几乎每只股票都有泡沫；震荡市中股市泡沫不大，已经有部分股票没有了泡沫；大熊市中股市泡沫是最小的，大多数股票的泡沫都被挤掉了，还有部分股票不但没有泡沫，而且价格已经低于其内在价值了。一只股票客观上有它自己的真实价格，但市场上体现的却往往是它的泡沫价格，而使股票脱离真实价格达到泡沫价格的催化剂，就是各种各样的利好消息刺激，催化剂越多，叠加效果就越强，泡沫价格也就被推得越高。相反，一只股票的价格低于它的真实价格，也是由于各种各样的利空催化剂所致，低于真实价格的那个价格为低估价格。

泡沫价格分为平均泡沫价格和高涨泡沫价格。平均泡沫价格存在于震荡市和熊市中，高涨泡沫价格只存在于牛市中。股市中的价格震荡走势，如图 1–23 所示。

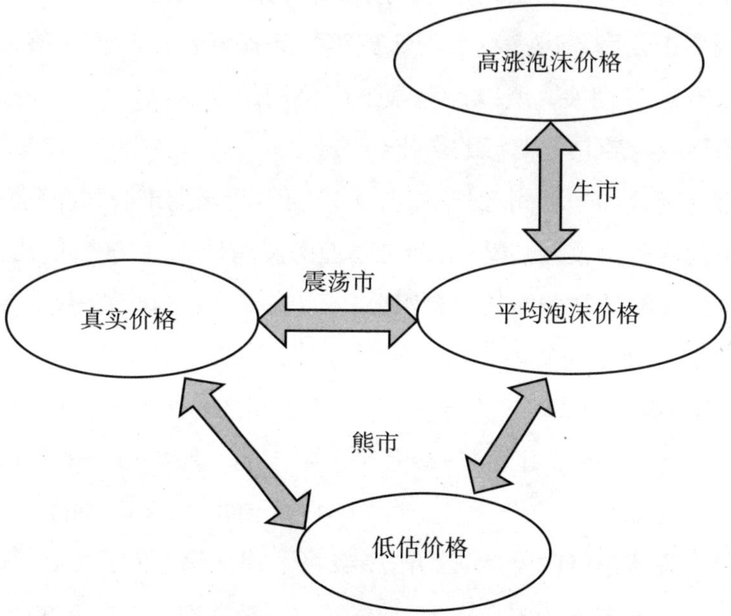

图 1–23　股票价格震荡走势

图 1–23 中，在牛市中，几乎所有股票都在平均泡沫价格和高涨泡沫价格之间摆动；在震荡市中，大部分股票都在真实价格和平均泡沫价格之间摆动，只有极个别股票出现高涨泡沫价格或低估价格；大熊市中，一部分股票在真实价格和低估价格之间摆动，一部分股票在平均泡沫价格和真实价格之间摆动，还有一部分股票在平均泡沫价格和低估价格之间摆动。

二、上市公司的泡沫价格

如何确认一家上市公司的股票价格是处在真实价格还是低估价格亦或是泡沫价格呢？这里就涉及到给公司评估价值的方法。当然这里不会讲述繁琐的企业价值评估的三大方法（市场法、收益法、成本法），而是以上市公司公开的资料来探寻股票价格的真伪。

上市公司的财务指标都是公开的，抛开某些上市公司财务作假的可能，把上市公司公开的财务数据进行对比分析后，即可得知该上市公司的股票价格在股市中的高低。上市公司的任何指标，比如每股净资产、每股公积金、每股净利润、市盈率、市净率、现金流等财务指标，无不是与该上市公司的净利润增长率息息相关，所以，考察上市公司的净利润增长率指标是根本，这一指标始终决定着其他指标的变化。

在考察上市公司净利润增长率时，一定要看清该上市公司净利润的来源，如果是非主营业务营收大幅增加，而主营业务没有什么增长的话，就要小心了，说明该上市公司的净利润增长率有水分，例如，靠政府财政补贴、变卖资产、投资收益等暂时性收益使净利润大幅增加的，都是有水分的营收，这样的上市公司，其他指标都失真了。只要一家上市公司的净资产是修正后的净资产，那么它的市净率指标就可以用来参考了。牛市时，股票市场的整体平均市净率在 5 到 10 倍之间，2007 年上证综指为 6124 点时，股票市场的市净率为 6.82 倍；熊市时，股票市场的整体平均市净率在 1 到 2 倍之间，2005 年上证综指为 998 点时，股票市场的市净率为 1.78 倍。一般来说，固定资产比例较大的，如航空、造纸、钢铁、化工、交通运输等行业的上市公司市净率偏低，在熊市时股价破净资产是常有的事，但并不意味着只要这些上市公司的股价低于每股净资产就有投资价值，还要看这些公司的净利润增长如何，只有当股价一再收低，而该公司的净利润至少与上年持平时，才有投资价值，否则投资价值并不明显。一些高科技公司或服务类公司本身的固定资产就不多，所以每股净资产也不高，它的市净率一般都高于 2 倍，但这些公司的净利润增长强劲，表现为市盈率非常低，所以也具有投资价值。

综合来分析，牛市时，一家上市公司的修正市净率大于 4 倍，修正的市盈率大于 40 倍时，该股的股价即为高涨泡沫价格；震荡市时，修正市净率在 2 到 4 倍之间，修正的市盈率在 20 到 40 倍之间时，该股的股价即为平均泡沫价格；熊市时，修正市净率在 2 倍之下，修正的市盈率在 20 倍以下时，该股的股价即为低泡沫价格，当修正市净率在 1 倍之下，修正市盈率在 10 倍以下时，该股的股价即为低估价格。

买入低估价格的股票后，风险最小，但未来股价涨幅还要看该公司的业绩以及有没有利好催化剂。一只高涨泡沫价格股票有可能在一段时期一直在高位价格盘整或继续攀升，那它一定有利好催化剂在做支撑，而不是真实价格在做支撑，所以，一旦利好催化剂用完，它的股价就要大幅回落了，风险性也就体现出来了。买入低估价格或真实价格的股票适于长时间持有，待股价到达平均泡沫价格时即可逐步脱手，而平均泡沫价格和高涨泡沫价格的股票适于短炒，不可长期持有，否则会招致亏损。

第七节　市场内在六大对手研判

有人说，炒股的“对手”是主力，是庄家，也有人说炒股的“对手”是上市公司，是券商，是交易所，是税收，还有人说炒股的“对手”是投资者的贪婪和恐惧。这些观点都对，但也不够全面。

从本质上来看，股市是一个金钱转手和往复交换的场所，也就是说，不论是谁，也不论是什么机构，只要最终从股市里抽出资金，那么股市的流通资金肯定会缩水，这显然是对炒股不利的，就是炒股的“对手”。

一、上市公司

上市公司是股票的发行者，也是从股票市场上获得资金的需求者，从投资者把资金交换成股票的那一刻起，投资者的命运就已经与上市公司的命运紧紧地联系在一起了。上市公司的义务之一，就是在企业获利时要给自己的股东分红，从这一角度来看，只要是一家健康的、有持续生命力的、能稳定获利的上市公司，就有可能在未来几年或十几年里把股市的融资款以获利分红的形式回馈给投资者。

上市公司与投资者的关系，如图 1–24 所示。

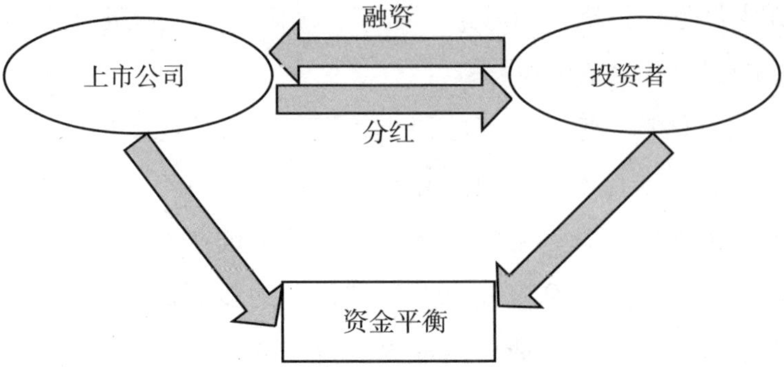

图 1–24 上市公司与投资者的资金平衡

如图 1–24 所示，在上市公司未来持续分红的情况下，当融资与分红达到平衡时，上市公司和投资者的资金往来也达到平衡，也就是说，投资者通过得到的股票红利，已经收回了投资成本，并且手中还持有一定数额的股票。

一个好的股票市场，一定具备完善的上市公司进出规则、分红制度和各行各业优秀的上市公司，可以说，这是一个非常好的投资场所。上市公司不但不是金钱的吸血鬼，还是金光闪闪的现金奶牛。

如果一家上市公司，上市只是为了融资，根本就不给投资者回报，就是从市场里抽血，投资者不但没有股息红利的收入，就连手里的股票也可能变得一文不值了。此时上市公司和投资者之间的资金是失衡的，如图 1–25 所示。

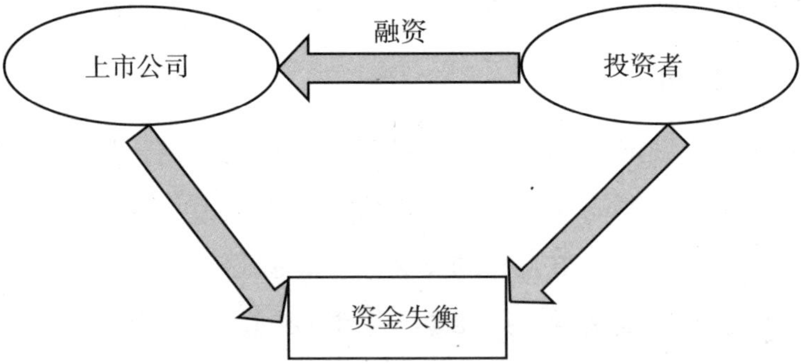

图 1–25 上市公司与投资者的资金失衡

由图 1-25 可知，若一个市场大部分都是这种质量不高的上市公司，根本无力分红或是部分上市公司虽然有分红能力，但只重视融资不重视投资者的回报，那么，这样的上市公司和股票市场，对于投资者来说，就是炒股的“对手”。

二、券商和税收

券商在市场里扮演的是投资交易中介的作用，公司想要上市，就必须通过券商的保荐和承销，投资股票时也要以券商为中介才能进行买卖。不论是公司想上市还是投资者买卖股票，通过券商都要缴纳相应的费用，而这些费用正是券商利润的源泉。

现在买卖股票还要缴纳交易所收取的一些费用和国家收取的印花税。这些费用看似不多，长期累积下来，也是一笔不少的数目。所以，对于投资者来说，不论你买卖的股票是涨是跌，你的原始本金都在随着交易次数的增加而逐渐缩水。特别是一些喜欢频繁交易、追涨杀跌的投资者，本来就三到五万的本金，一年折腾下来所剩无几了。到头来才发现，钱都被券商吃掉了。所以，券商和税收也算是炒股的“对手”之一了。

三、庄家

对于散户投资者来说，对庄家是又敬仰又气愤。因为庄家是市场里的领头羊，对于股票涨跌起着关键作用，特别是某些庄家，对于一些有题材的股票更是天天做涨停板，惹得散户投资者两眼直冒金星，股价低时没敢进，股价高时狠心追进去了，结果庄家出货，散户亏损。所以，有的投资者就会认为自己的钱被庄家赚去了。这是站在亏损投资者的角度看的。而一些经验丰富的散户投资者，屡屡让庄家抬轿，自己享受赚钱的快乐，因为轿夫是财大气粗的庄家，赚他们的钱本身就有一种成就感。所以，这部分散户投资者认为庄家就是自己的发财宝，非常喜欢他们。

从庄家本身来讲，他们操作股票也并不是百分百的获利，失败的时候也非常多。所以，从整体来看的话，就不难看出，庄家只是有资金优势的大型投资者罢了，可能今天庄家从这只股票赚了钱，下一次在那只股票上又赔了钱。买卖股票就跟做生意一样，只要你获利后还留在市场里，赢和输跟做游戏没什么两样。能够长期稳定从股市获利并从中抽取资金的庄家少之又少，庄家因为不是最终真正从股市里抽血的投资者，所以，庄家根本就不是散户炒股所谓的“对手”了。

四、散户投资者自身

有的散户投资者认为炒股最大的对手是“自己”，有这样认识的投资者，说明已经经历了一定的股市洗礼，并且有一定的反思。他们认为只要掌握了股票市场的规律，战胜了自己，就能在股市中获利。其实，这部分投资者忽略了一个事实，就是你只是股票市场里的一个小单元而已，即使你一点都不懂股市，而把钱投在了一个具有投资功能的股票市场里，在大牛市里的收益可能比老股民还高。战胜自己投资中的性格弱点，只是完善投资的一个方面。不论股票市场是完善的还是不完善的，散户投资者有这样反思都是必要的，这是散户投资者走向投资高手一个必经的心理阶段。

所以，认识到自身是炒股最大“对手”的散户投资者是片面的，因为你自己并不是炒股的最大“对手”。

那到底什么才是炒股最大的“对手”呢？第一是时间，第二是通货膨胀。这两点恰恰是所有投资者都忽视的，甚至都不明白为什么是这两点。

五、时间

这里所说的是时间，指的是炒股所需要付出的时间成本，在同样的时间里，投资者把投资股票的钱投资于其他产业，可能会获得稳定的收益，而投资股票，很可能不但没有盈利，而且还在浮亏。而时间具有一维性，只要投资者没有正确地判断每一次的市场机会，机会就会转瞬即逝。经过几年时间，投资者会发现，在股市里并没有得到什么，失去的倒是这几年的美好时光和金钱的机会成本。股市是需要一定的时间才能有大牛市或小牛市的，牛熊的转换需要时间。但是我们的生命是有限的，一辈子能否遇到牛市或者遇到几次牛市，牛市来临时你是否能抓住这个机会，都不可预测。所以，炒股最大的“对手”之一便是时间了。

六、通货膨胀

通货膨胀这个词大家并不陌生，并且有着切身的体会。上世纪九十年代初，成为万元户是多数人的梦想，而现在拥有百万资产的人已经遍地皆是了。

如果上世纪九十年代初，你把所有的积蓄 1 万元投入到股市，到现在即使翻了十倍，变成 10 万了，你认为你变得富有了吗？现在 10 万元只不过是一些人一年的工资而已。改革开放的四十多年里，中国经济的高速增长是有目共睹的，但如影随形的是超高的货币供应量，根据人民银行公开发布的数据看，1997 年广义货币（M2）余额 9 万亿元，到 2018 年底，广义货币（M2）余额 182.67 万亿元，这就是人们常说的“钱毛了”。

所以，炒股的要求是你在股票市场里的收益率一定要超过经济的通货膨胀率，这是最基础的要求，否则，表面上看赚钱了，实则已经是在亏钱了。如果你是职业投资者，还得把当年的社会平均工资给赚出来，因为那是你所付出的劳动工钱。所以，看似随时可以买卖非常简单的股票操作，并不是想象得那么简单。想在股市里发大财，那就更是难上加难了。随着炒股时间的逐渐增加，你会越来越发现通胀的威力，从市场外的宏观角度来看，通货膨胀是炒股最大的“对手”之一。

第2堂课

识涨跌

股票市场的神秘之处，在于它无时无刻不处在波动之中，令人摸不着头脑。虽然准确地预测股市的涨跌很难，但还是要对股市的运行趋势做一个冷静的分析，才能更好地为投资服务。

首先，投资者要对正在运行的股市有一个明确的认识，就是目前的股市是处在一个什么样的市场，是牛市还是熊市？还是牛熊分界处的震荡市？如果是牛市，是处于牛市初期还是牛市中期亦或是牛市末期？如果是熊市，是处于熊市初期还是熊市中期亦或是熊市末期？如果是牛熊分界处的震荡市，那是由熊界向牛界转向？还是由牛界向熊界转向？如果这些问题投资者都能回答清楚了，对于投资策略的制定肯定是有所帮助的。

判断牛熊分界线的方法很多，采用五五分界法判断牛熊分界线是最简单也最实用的。五五分界法采用上证综指最低指数和最高指数二者相加除以二，既得的那个指数点位就是牛熊分界线。例如，2005 年 6 月上证综指最低点位 998 点，2007 年 10 月达到最高点 6124 点，二者相加的平均数为 3561 点位，即为牛熊分界线。只要上证综指在 3561 点下震荡，都属于熊市，在 3561 点上下震荡，为牛熊分界震荡市，而在 3561 点之上运行，意味着已经进入牛市了。假设未来中国股市达到了 1 万点，而开启这轮牛市的最低点（也就是熊市的最低点位）为 1500 点，那未来市场再进入真正熊市的点位就是 5750 点。在大方向上明确股市的走向以后，可以帮助投资者在宏观上制定操作策略。

在明确了股市的大方向以后，还要对股市在某一阶段的走势进行具体分析。例如，股市处在熊市止跌整理期间，突然某一天出现了一根大阳线，投资者就要对这根大阳线进行分析，这根大阳线只是反抽还是反弹的信号？还是反转的信号？如果是反抽的话，第二天股市走势一定是走坏下跌的，如果是反弹信号，第二天股市走势有可能继续保持强势，也可能是微弱上升或小幅下跌。当然，这根大阳线不可能是反转信号，因为市场反转前必定是反弹，然后回调整理后再上升才是反转。

不必对股市做长远的预测，就像天气预报，预测明天的天气情况是最准确的，越往后准确率就越低。同样，利用基本面和技术面分析预判股市走势时，一般以一周为宜，这样的预测周期有利于投资者做大波段，而预测一两天的走势，更适合短线炒作。既然是预测，就可能与现实走势不符，这时候投资者就要赶紧修正自己的预测，修正自己的操作策略，只有这样才能与市场趋势保持一致，对市场涨跌的判断和预测的准确率也就越来越高了。

第一节　巧用八大宏观经济指标研判

股市运行的本质说到底还是经济运行状况的体现，一个国家的经济运行状况不好，企业效益一定也不会好，企业效益不好，它的内在价值就会一再缩水，内在价值不断缩水，从而使得股票的泡沫价格回归到真实价格或低估价格上。宏观经济指标是用来判断一国经济走势的有效工具，最为常用的宏观经济指标，如图 2–1 所示。

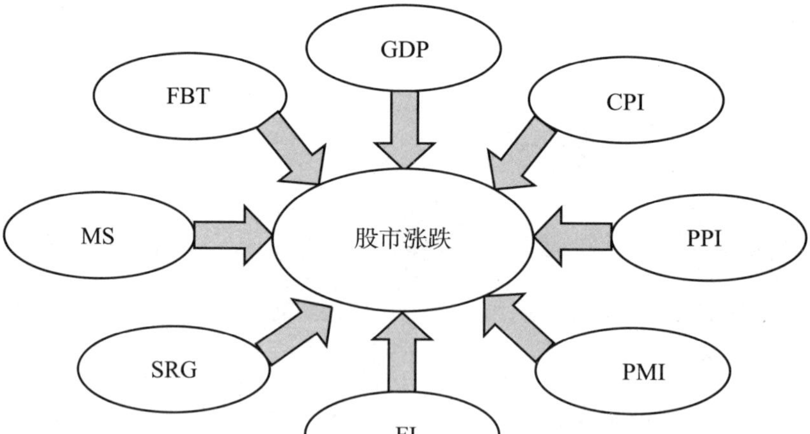

图 2–1　八大宏观经济指标对股市的影响

一、八大宏观经济指标的具体含义

1. GDP（Gross Domestic Product），即国内生产总值

是指一个国家或地区在一定时期内国民经济各部门增加值的总额。该指标是宏观经济中最受关注的经济统计数字，被认为是衡量国民经济发展情况最重要的一个指标。

2. CPI（Consumer Price Index），即消费者物价指数

是反映与居民生活有关的产品及劳务价格统计出来的物价变动指标，通常作为观察通货膨胀水平的重要指标。

3. PPI（Producer Price Index），即生产者物价指数

是衡量工业企业产品出厂价格变动趋势和变动程度的指数，是反映某一时期生产领域价格变动情况的重要经济指标，也是制定有关经济政策和国民经济核算的重要依据。

4. PMI（Purchase Management Index），即采购经理指数

PMI 是一套月度发布的、综合性的经济监测指标体系，分为制造业 PMI、服务业 PMI，也有一些国家建立了建筑业 PMI。目前，全球已有 20 多个国家建立了 PMI 体系，世界制造业和服务业 PMI 已经建立。

PMI 是通过对采购经理的月度调查汇总出来的指数，反映了经济的变化趋势。中国采购经理指数是由国家统计局和中国物流与采购联合会共同合作完成，是快速及时反映市场动态的先行指标，包括制造业和非制造业采购经理指数，与 GDP 一同构成我国宏观经济的指标体系。目前，采购经理指数调查已列入国家统计局的正式调查制度。

中国制造业采购经理指数体系共包括 11 个指数：新订单、生产、就业、供应商配送、存货、新出口订单、采购、产成品库存、购进价格、进口、积压订单。制造业采购经理指数（PMI）是一个综合指数，计算方法全球统一。如制造业 PMI 指数在 50% 以上，反映制造业经济总体扩张；低于 50%，则通常反映制造业经济总体衰退。

5. FI（Fixed Investments），即固定资产投资额

是以货币表现的建造和购置固定资产活动的工作量，是反映固定资产投资规模、速度、比例关系和使用方向的综合性指标。全社会固定资产投资，按经济类型可分为国有、集体、个体、联营、股份制、外商、港澳台商、其他等。按照管理渠道，全社会固定资产投资总额分为基本建设、更新改造、房地产开发投资和其他固定资产投资四个部分。

6. SRG（Social Retail Goods），即社会消费品零售总额

指各种经济类型的批发零售贸易业、餐饮业、制造业和其他行业对城乡居民和社会集团的消费品零售额和农民对非农业居民零售额的总和。反映一定时期内人民物质文化生活水平的提高情况，反映社会商品购买力的实现程度，以及零售市场的规模状况，是研究人民生活水平、社会零售商品购买力、社会生产、货币流通和物价发展变化趋势的重要资料。

7. MS（Money Stock），即货币存量或者流通量

M0= 流通中的现金；狭义货币（M1）=M0+ 企业活期存款 + 机关团体部队存款 + 农村存款 + 个人持有的信用卡类存款；广义货币（M2）=M1+ 城乡居民储蓄存款 + 企业存款中具有定期性质的存款 + 信托类存款 + 其他存款。

M1 反映经济中的现实购买力；M2 不仅反映现实的购买力，还反映潜在的购买力。若 M1 增速较快，则消费和终端市场活跃，出现通货膨胀；若 M2 增速较快，则投资和中间市场活跃，出现资产泡沫。

8. FBT（Favorable Balance Of Trade），即贸易顺差或逆差

在一定时间里（通常按年度计算），贸易的双方互相买卖各种货物，甲方的出口金额大过乙方的出口金额，或甲方的进口金额少于乙方的进口金额，其中的差额，对甲方来说，就叫作贸易顺差，对乙方来说，就叫作贸易逆差。

二、八大宏观经济指标对股市的影响

GDP 持续走高，说明经济发展速度良好，企业效益不断提高，股市运行稳定，反之亦然。

CPI 初期持续走高，说明有通货膨胀之嫌，企业盈利增加，股市上涨，当CPI经过初期走高后，依然高涨并且在高位徘徊的话，大部分企业成本随之高涨，且不能通过商品转嫁出去，致使企业利润降低，股市将下跌。商业消费股能及时将高涨的成本转嫁给消费者，所以，CPI 走高利好于消费板块股票。

PPI 上涨会影响下游生产企业的采购成本，我国股市中的上市企业 80% 是制造业企业，而且这些制造业企业的平均利润不足 5%，因此，如果 PPI 涨幅在 5% 之上或者之下，基本决定了大多数制造业企业的利润。所以，PPI 上涨超过 5%，就会使制造业企业盈利下降，部分制造业企业亏损，从而导致股市下跌，反之亦然。

通常，机构投资者习惯把 PMI 作为股市的“风向标”。PMI 是一个反映经济情况好坏的先行指标。通常认为，若该数据高于 50%，说明经济复苏呈加速之势，反之则经济呈现衰退，进而导致股市上涨或下跌。

FI 持续走高，说明投资旺盛，是经济复苏或经济持续高涨的表现，股市也随之上升，反之亦然。例如，2008 年国家出台的 4 万亿投资计划，就带动股市出现了一轮反转行情。

SRG 不断提高，代表着社会购买力逐渐增强，内需强劲，为经济发展提供了重要的动力。国务院办公厅印发的《国内贸易流通“十三五”发展规划》明确提出，2018 年社会消费品零售总额达 38 万亿元左右，年均增长 9% 左右。利好于商业、旅游和餐饮股。

通过 MS 与上证综指二十年的走势对比分析，可以得出的共性结论是，每当 M2 比 M1 大 4.8 个百分点以上时，上证综指将到达底部区域，而当二者的差距越来越小时，上证综指就将到达高点区域，值得注意的是，当 M1 达到 20% 左右的高度时，上证综指下跌的可能性就大大增加了。

贸易顺差增大，说明我国商品出口旺盛，利好于外贸出口企业，例如纺织、鞋帽、造纸、汽车轮胎、家电、小商品等低技术含量的出口企业。贸易逆差增大，说明我国进口商品旺盛。由于我国一直是贸易顺差大国，所以在某一时期出现贸易小幅逆差并不是什么坏事，可以防止热钱进入，减轻输入型通胀的压力，有助于缓解目前国内整体的通胀水平，有利于股市平稳上涨。

第二节　巧用八大技术指标研判

各种各样的技术指标都是以历史股票价格或成交量为依据编制而成的，具有一定的统计分析经验价值，但不能预测股票未来的走向，只能判断当前股票市场处于一个什么样的历史位置，为操作策略提供一个分析依据。市场里除了有编制的技术指标外，还有K线组合分析、压力、支撑点分析和市场数据分析。这些分析都是分析市场涨跌的一部分依据，切不可以某一个分析为依据来判断市场涨跌，会犯以偏概全的错误。

一、技术指标分析

投资者常用的八大技术指标，如图2–2所示。

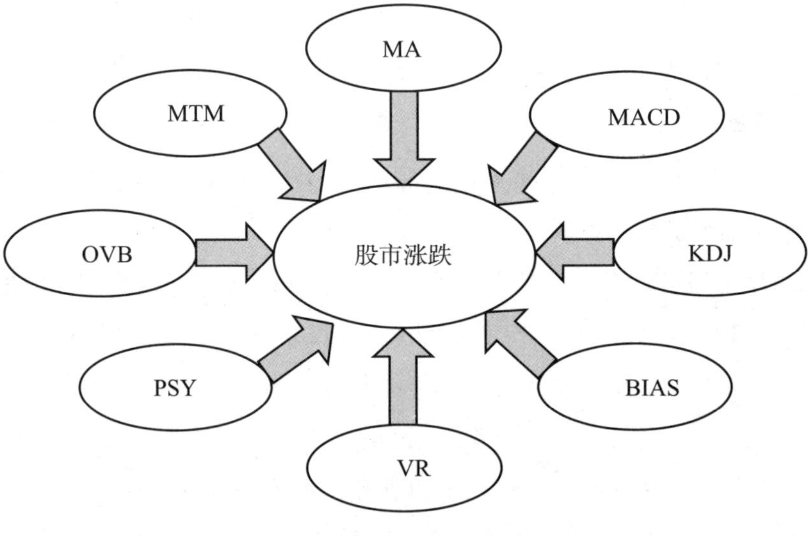

图2–2　八大技术指标与股市涨跌

1. MA 移动平均线

移动平均线（MA）的计算方法就是求连续若干天收盘价的算术平均。天数就是 MA 的参数。10 日移动平均线通常简称为 10 日线（MA（10）），同理还有 5 日线、20 日线等。

葛兰碧移动平均线八大法则：

（1）移动平均线从下降逐渐走平且略向上方抬头，而股价从移动平均线下方向上方突破，为买进信号。

（2）股价位于移动平均线之上运行，回档时未跌破移动平均线后又再度上升时，为买进时机。

（3）股价位于移动平均线之上运行，回档时跌破移动平均线，但长期移动平均线继续呈上升趋势，此时为买进时机。

（4）股价位于移动平均线以下运行，突然暴跌，距离移动平均线太远，极有可能向移动平均线靠近（物极必反，下跌反弹），此时为买进时机。

（5）股价位于移动平均线之上运行，连续数日大涨，离移动平均线越来越远，说明近期内购买股票者获利丰厚，随时都会产生获利回吐的卖压，应暂时卖出持股。

（6）移动平均线从上升逐渐走平，而股价从移动平均线上方向下跌破移动平均线时，说明卖压渐重，应卖出所持股票。

（7）股价位于移动平均线下方运行，反弹时未突破移动平均线，且移动平均线跌势减缓，趋于水平后又出现下跌趋势，此时为卖出时机。

（8）股价反弹后在移动平均线上方徘徊，而移动平均线却继续下跌，宜卖出所持股票。

2. MACD 指数平滑异动平均线

MACD 是从双移动平均线发展而来的，由快的移动平均线减去慢的移动平均线。MACD 的意义和双移动平均线基本相同。该技术指标自 1979 年发明以来，逐渐受到股票和期货市场中的投资者，尤其是偏好技术分析的投资者欢迎，普遍认为它能给出较好的买卖信号。

MACD 的基本原理是借用短中期快速与慢速移动平均线分离、聚合的特征，加上双重平滑处理，判别大市的位置和买进、卖出的时机和信号，实际上是均线之间的比较。

以移动平均线的特征来说，在一段真正持续的涨势或跌势中，快速（短期）移动平均线与慢速（长期）移动平均线间的距离必将会越拉越远（DIF 越来越大）。涨势乏力时，两者之间的距离会越缩越小（DIF 减小），甚至相互交叉，成为重要的卖出信号。

3. KDJ 随机指标

KDJ 指标又叫随机指标，是由乔治·蓝恩博士（George Lane）最早提出的，是一种相当新颖、实用的技术分析指标，开始用于期货市场的分析，后被广泛应用于股市的中短期趋势分析，是期货和股票市场上最常用的技术分析工具。

KDJ 随机指标一般是根据统计学的原理，通过一个特定周期内（常为 9 日、9 周等）出现过的最高价、最低价及最后一个计算周期的收盘价及这三者之间的比例关系，来计算最后一个计算周期的未成熟随机值 RSV，然后根据平滑移动平均线的方法来计算 K 值、D 值与 J 值，并绘成曲线图来研判股票走势。

它主要是利用价格波动的真实波幅来反映价格走势的强弱和超买超卖现象，在价格尚未上升或下降之前发出买卖信号的一种技术工具。

由于选用的计算周期不同，KDJ 指标包括日 KDJ 指标、周 KDJ 指标、月 KDJ 指标、年 KDJ 指标以及分钟 KDJ 指标等各种类型。经常被用于股市研判的是日 KDJ 指标和周 KDJ 指标。

4. BIAS 乖离率

乖离率 BIAS 指标又叫 Y 值，是依据葛兰碧移动平均线八大法则而派生出来的一种技术分析指标，是通过一定的数学公式，来计算和总结出价格偏离移动平均线的程度，指出买卖时机。

乖离率 BIAS 是表示计算期的股价指数或个股的收盘价与移动平均线之间的差距的技术指标，是对移动平均线理论的重要补充。它的功能在于测算股价在变动过程中与移动平均线的偏离程度，从而得出股价在剧烈变动时，因偏离移动趋势过远而可能造成的回挡和反弹。

乖离率指标 BIAS 认为，如果股价离移动平均线太远，不管股价是在移动平均线之上，还是在移动平均线之下，都不会保持太长的时间，而且随时会有反转现象发生，使股价再次趋向移动平均线。

5. VR 成交率比率

VR 指标又叫成交率比率指标、数量指标或容量指标，其英文全称为 Volume Ratio，是重点研究量与价格间关系的一种短期技术分析工具。

VR 指标是以研究股票量与价格之间的关系为手段的技术指标，其理论基础是“量价理论”和“反市场操作理论”。VR 指标认为，由于量先价行、量涨价增、量跌价缩、量价同步、量价背离等成交量的基本原则在市场上恒久不变，因此，观察上涨与下跌的成交量变化，可作为研判行情的依据。同时，VR 指标又认为，当市场上人气开始凝聚，股价刚开始上涨和在上涨途中的时候，投资者应顺势操作。而当市场上人气极度旺盛或极度悲观，股价暴涨暴跌的时候，聪明的投资者应果断离场或进场，因此，反市场操作也是 VR 指标所显示的一项功能。

一般而言，低价区和高价区出现的买卖盘行为均可以通过成交量表现出来，因此 VR 指标又带有超买超卖的研判功能。同时，VR 指标是用上涨时期的量除以下跌时期的量，因此，VR 指标又带有一种相对强弱概念。

6. PSY 心理线指标

PSY 心理线指标是从英文 Phycholoigical Line 直译过来的，是研究投资者对股市涨跌产生心理波动的情绪指标，是一种能量类和涨跌类指标。

PSY 心理线指标是一种建立在研究投资者心理趋向基础上，分析某段期间内投资者趋向于买方和卖方的心理与事实，做出买卖股票决策的一项参考技术指标。

作为分析股市的涨跌指标，PSY指标是在时间的角度上计算N日内的多空总力量，来描述股市目前处于强势或弱势，是否处于超买或超卖状态。它主要是通过计算N日内股价或指数上涨天数的多少来衡量投资者的心理承受能力，反映股市未来发展趋势及股价是否存在过度的涨跌行为。

7. OBV能量潮

OBV指标又叫能量潮指标，是由美国股市分析家葛兰碧创造的，是一种重点研判股市成交量的短期技术分析工具。

股市技术分析的四大要素是价、量、时、空。OBV指标就是从“量”这个要素作为突破口来分析的，它的理论依据为：投资者对股价的评论越不一致，成交量越大；反之，成交量就越小。因此，可用成交量来判断市场的人气和多空双方的力量。上升的物体迟早会下跌，而物体上升所需的能量比下跌时多。涉及到股市则可解释为：一方面股价迟早会下跌，另一方面，股价上升时所需的能量大，因此股价的上升特别是上升初期，必须有较大的成交量相配合；股价下跌时则不必耗费很大的能量，因此成交量不一定放大，甚至有萎缩趋势。

动则恒动，静则恒静。只有那些被投资者或主力相中的热门股会在很长一段时间内成交量和股价的波动都比较大，而无人问津的冷门股，则会在一段时间内，成交量和股价波幅都比较小。

8. MTM动量

MTM指标又叫动量指标，其英文全称是Momentom Index，是一种专门研究股价波动的中短期技术分析工具。

动量指标MTM是一种利用动力学原理，专门研究股价在波动过程中各种加速、减速、惯性作用以及由静到动或由动转静的现象。动量指标的理论基础是价格与供求量的关系。它认为股价的涨跌幅度随着时间的推移会逐渐变小，股价变化的速度和能量也慢慢减缓后，行情就可能反转。在多头行情里，随着股价不断上升，股价上涨的能量和速度必将日渐萎缩，当上涨的能量和速度减少到一定程度时，行情将会出现大幅回荡整理或见顶反转的行情；而在空头行情里，随着股价不断下跌，股价下跌的能量和速度也将日渐萎缩，当下跌的能量和速度萎缩到一定程度时，行情也会出现大幅反弹或见底反转的行情。

二、使用技术指标时的注意事项

八大技术指标的用法这里就不做详细介绍了，相关的图书非常多。这里主要介绍一下八大技术指标应用时的注意事项。不管什么样的技术指标，都有自己的失真区，技术指标失真时的市场走势为以下几种。

（1）市场处在下跌时突然向上反抽或小幅反弹，或市场处在上涨时突然向下反抽或小幅回调。

（2）股票市场处在箱体震荡时，且箱体震荡的上下振幅在 20% 以内。

（3）股票市场处于多空交织交替上涨或下跌时，多空交织幅度越大，指标越失真。

（4）股票市场的早盘大幅高开回落和大幅低开上涨时，指标会出现钝化。

（5）股票市场处于横盘整理时。

（6）个股走势在技术指标没有发出买入信号前早盘直接封涨停或没有发出卖出信号前跌停时，技术指标就会显得苍白无力。

应用技术指标时，应注意以下几点。

（1）利用技术指标永远也买不到股票市场的最低点，也卖不到最高点。

（2）技术指标时时刻刻都随着股票走势而改变，处在时刻变动中，最好 14 点 30 分以后再应用。

（3）由于国内市场是 T+1 的交易制度，不要利用技术指标做 T+0 交易。

（4）技术指标应用在个股上意义不大，因为主力会利用技术指标做反向应用，技术指标对大盘分析有用，因为没有哪个机构能控制大盘的走向。

（5）不要迷恋于研究技术指标，因为谁也研究不出来对所有个股都适用的技术指标，个股是大盘走势的不同演绎，走势千奇百怪，各有不同。

（6）技术指标用一到两个足以，太多也没用，就是一百个指标都处在买入状态下，市场也可能会出现大幅下跌，因为系统性风险无处不在，而这正是技术指标的软肋。

（7）应始终牢记，技术指标是“事后诸葛亮”，不具有预测性和导向性，它只是统计股票前期走势的技术性量化归纳。

第三节　巧用八大市场数据研判

判断市场未来的走向，其中每日市场发出来的信息非常重要，“春江水暖鸭先知”，市场数据的冷暖不但表现了现阶段市场所处的位置，也预示着未来一段时期的市场走向。市场数据非常多，最重要的还是以下八大数据，如图2-3所示。

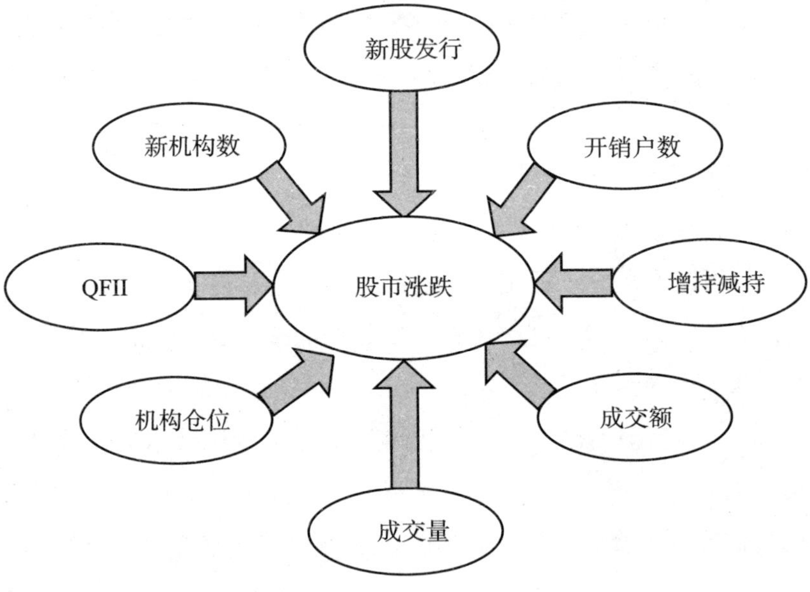

图2-3　市场数据与股市涨跌

图 2-3 中，新股发行数量为一段时间内证监会所通过的即将上市的公司家数。

开销户数为一段时期内新增的股票账户或撤销的股票账户数，也包括未来港澳台地区投资 A 股的个人股票账户增减情况。

增持减持是上市公司的行为，是指在一定时期内，上市公司增持或减持自家公司股票的行为。

成交量为每日、每周、每月市场成交多少股票数。

成交额为每日、每周、每月市场成交多少资金额。

机构仓位为以社保基金、公募基金、保险资金、私募基金和财务公司为主的机构在一定时期内的持仓情况。

QFII 为境外投资机构的家数以及仓位情况。

新机构数为在一定时期内证监会新批准成立的基金家数。

当新股发行减少或停止发行；股民销户数日益增加；上市公司频频增持自家公司股票；每日、每周市场的交易额和交易量趋于萎靡；机构仓位也越来越低；QFII 家数增多和仓位降低；新机构家数连连增加，这一连串的数据都显示出，当前市场是处于熊市，当这些数据都达到历史极点附近时，市场也就见底了。当市场处于牛熊震荡市之间时，这些市场数据的表现为：新股发行有节奏地缓慢发行；股民数量稳定，销户数明显下降；上市公司基本无增持或减持行为；每日成交量和成交额在中位水平；机构仓位达到 80% 左右；新批机构数减少。所以，市场冷暖与这些数据息息相关。

第四节　巧用八大权威部门信息研判

在我国经济运行过程中，市场手段与行政手段都非常重要，都是用来调节经济健康平稳运行的工具，二者是相辅相成的关系。同样，股票市场也不可能放任给所谓的自由市场本身，也是需要监管的，即使未来股票市场越来越完善，大部分问题都靠市场本身来解决，行政监管手段的特殊作用也是无法取代的。

股票市场是一个对信息非常敏感的市场，不管是哪里有个风吹草动，都会在股市中有所体现，“蝴蝶效应”在股市里不断地上演着。政府部门发布出来的任何官方和非官方的信息都在深深地影响着股市，作为投资者，一定要重视政府部门发出的任何经济或股市政策，这些政策有时是判断市场走好走坏的信息，有时是判断未来股市哪个板块走强或选出牛股的指路明灯。

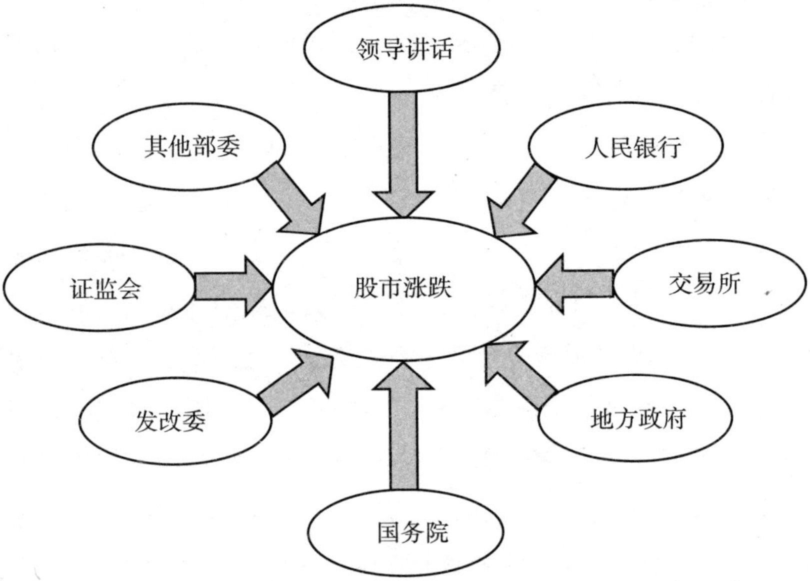

图 2-4　权威部门信息研判与股市涨跌

图 2-4 中，影响股市的部门有国务院、发改委、证监会、其他部委、地方政府、交易所和人民银行，同时也要重视这些部门的领导在公开和非公开场合的讲话。

国务院是国家宏观经济政策制定和发布的中心，是中国经济走向和健康发展的指引，也是股市未来发展的最终决策人。股市在大牛市或大熊市时都会引起国务院的重视，因为股市泡沫太高或是长期低迷都不利于经济的发展，股市健康稳定的向前发展是国家的一贯政策。股权分置改革造就了 2006 年和 2007 年两年的大牛市；2008 年 11 月出台的 4 万亿计划，造就了 2009 年的超级反弹；家电下乡政策刺激了内需消费；各个地方新区的设立，刺激了新的经济增长点；可以预见，未来十年高铁建设仍然是拉动经济增长的有力措施。所以，从大的角度来看，只要是国家支持和投入资金的行业，该行业一定出大牛股，国家给予政策扶持的行业，能出短期小牛股。

发改委主要是负责一些大型项目的审批，所以，投资者要关注发改委在哪些领域的项目审批得多，股市相关板块就会受益。

证监会是股市发展的主管部门，不论出台什么政策都对股市有震动，印花税的上调与下调、红利税的改革、金融衍生品的设立、国际板和新三板的设立、港股和 A 股的交叉投资等，每个政策都和投资者息息相关。

地方政府出台的地方政策会刺激当地的经济发展，从而利好于当地的上市公司。

交易所出台的上市公司上市和退市政策和措施，也会给股票市场带来震动，2012 年上交所出台设立风险警示板征求意见稿时，由于不对称的涨跌幅设置，致使市场里所有的垃圾股一连三四个交易日股价都在跌停板上，当真正设立风险警示板，但没有设立不对称的交易规则以及给予垃圾股摘帽的有利措施时，垃圾股股价一个个又“鸡犬升天”，可以说，这是人为制造的一场垃圾股大涨大跌，欺骗了没有判断力和相信交易所的投资者，便宜了垃圾股的庄家，他们又有拉抬和打压股价的嘘头了。

人民银行的主要职能是调节经济市场中的货币供求，进而间接地影响股市。加息与减息、上调存款准备金和下调存款准备金，公开正回购和逆回购等调节货币供应量的工具，总是根据经济运行情况而发布，对股市的影响也仅限于发布日和实行日时的前后几天。

其他部委发布的本行业规划或相关政策，会刺激相关的股票，经常是主力拿来炒作的好材料。省部级以上出台的政策或措施在出台前都非常保密，主力也只能在政策或措施出台后才能在有限的时间里决定是否拉升和打压股价，而投资者就可以在同样的时间里来分析政策或措施的利好和利空，从而制定操作策略。只有此时，主力和散户在信息获取时间上才达到一致，具有平等性。这一点，投资者一定要清楚。

关注一些主要领导的讲话也是十分必要的。温总理的关于红利税改革的讲话就提前透露了对股市的关注，从而使 2012 年末出现了一波强劲反弹。上交所的一位负责人谈论关于设立国际板的发言，也令股市以大跌相回应。2018 年 11 月，习主席提出创建科创板，股市从 2440 点开始出现超级大反弹，到 3200 多点后才回调。

有人说中国股市是十足的政策市，股市的大涨大跌和出台的股市政策紧密相关，掌握不好相关政策就赚不到钱。笔者认为，中国股市不过才走过短短的三十年，还很年轻，也很不完善，现阶段也需要政策的关怀和指引，等慢慢地把股市的关系理顺了，相信那时的股市不再只是一个融资的场所，而是融资和投资双向共赢的场所。

只要投资者来炒股，就必须关注股市的各种政策信息，不管它是好的还是坏的，因为这是判断监管层对股市或经济走势持有何种看法的最好方法。

第五节　巧用 K 线周期组合研判

一、K 线时间组合

K 线又被称为蜡烛图，起源于十八世纪日本的米市，当时日本的米商用来表示米价的变动，后被引用到证券市场，成为股票技术分析的工具。

一根 K 线记录的是股票在一天内价格的变动情况。将每天的 K 线按时间顺序排列在一起，就组成了股票价格的历史变动情况，叫做 K 线图。

K 线是一条柱状的线条，中间的矩形称为实体，实体以上的细线叫上影线，实体以下的细线叫下影线。K 线由开盘价、收盘价、最高价、最低价四个价位组成，开盘价低于收盘价称为阳线，反之称为阴线。K 线可以分为日 K 线、周 K 线、月 K 线、年 K 线，在动态股票分析软件中还常用到分钟线和小时线。K 线是一种特殊的市场语言，不同的形态有不同的含义。相同日期的 K 线组合排列在一起，就形成了价格走势图，通过分析价格走势图，就可以对股票历史价格的波动有一个详细的了解，每种日期的 K 线组合判断股价走势有着不同的含义，四种不同日期的 K 线组合可以用来判断股票未来的涨跌，如图 2-5 所示。

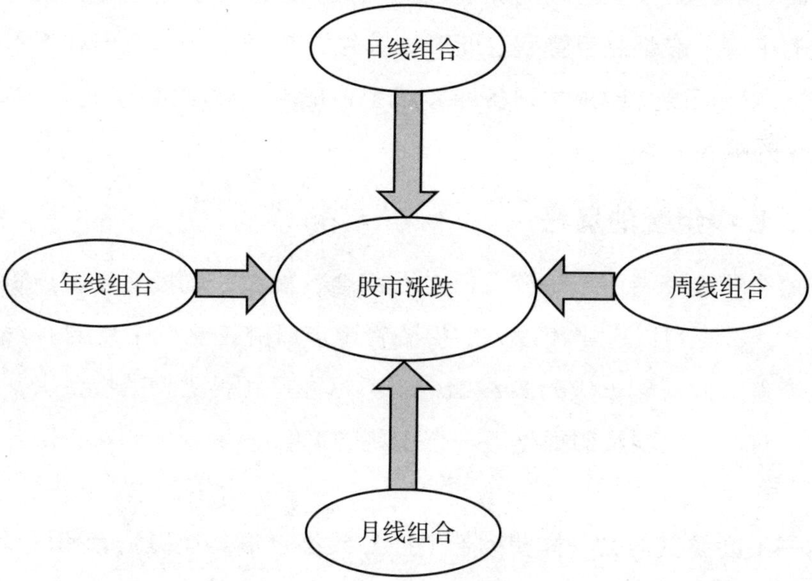

图 2-5　K 线组合与股市涨跌

图 2-5 中，日线组合代表着每日 K 线连接在一起时的股票价格走势，周线组合代表着每周 K 线连接在一起时的股票价格走势，月线组合代表着每月 K 线连接在一起时的股票价格走势，年线组合代表着每年 K 线连接在一起时的股票价格走势。通过日线组合，可以预测未来一到两天的股票价格走势，通过周线组合，可以预测未来一到两周的股票价格走势，通过月线组合，可以预测未来一到两个月的股票价格走势，通过年线组合，可以预测未来一到

两年的股票价格走势。

不同日期的 K 线组合代表着不同的意义，而不同日期的 K 线组合更是千变万化，不管是几天的 K 线组合，最终所隐藏的意义其实就是多空双方力量的对比，看看到底是哪一方占据优势。利用三天的 K 线组合分析表明多方占优，可能随后利用五天 K 线组合判断分析得出的结论为空方占优，所以，选取几日的 K 线组合来判断未来走势是大有学问的。大多数股票书都列举了许多经典的 K 线组合形态，这些 K 线组合形态形成了各种底和顶的走势，其中股市里最为常见的有单底、双底、三底、平底和圆底，顶部也是如此。例如，股市中的单底一般都是反弹底，而形成单底的 K 线组合每次出现都不一样，所以，不能死记硬背地来学习各种 K 线组合形态，要学会变通，才能及时判断出未来的单底 K 线组合。

二、K 线组合的奥秘

做短线的投资者重点研究三日 K 线组合，做波段的投资者重点研究三周 K 线组合，做三月以上半年以内的投资者重点研究三到五个月的 K 线组合，长线投资者研究五到十年的 K 线组合。不管你是哪种类型的投资者，在研究 K 线组合时，一定要及时根据下一个出现的 K 线，来判断和修正自己得出的结论。

本书不会像其他书一样罗列若干种 K 线组合形态让投资者死记硬背，因为股市是变动的，你记住了这些经典形态后，思维就很容易固化，而且股市里重复经典 K 线组合形态的可能性太小了。

K 线组合中出现的几种特殊 K 线，投资者一定要特别注意，可能是股价见底或见顶的转向标志，它们是十字星线、长上影线、长下影线、大阳线和大阴线。例如，昨日收出高位十字星线，如果第二天早盘低开且中午休盘时仍没有上攻的话，十有八九就是见顶了，市场开始转向下跌了。再有，一段时间的低位盘整或连续收阴线且下跌走势的 K 线组合，一旦出现大阳线，可能就是反弹的标志。

看 K 线组合的奥秘就在于要时刻思考多空双方的力量变化，收盘后不断总结空方和多方谁更占优或是两者旗鼓相当，当任何一方出现力量占优时，就要注意了，这个占优趋势有没有持续性，而这时就要看占优一方用了多少“弹药”了，“弹药”充足，也就是成交量大，那延续这种占优趋势的概率就增大，如果次日市场果真又“弹药”充足地发出攻击的话，那基本上就可以确认哪方是胜利者了。例如，七日 K 线组合表现为单边大幅下跌后的小幅低位整理，五日 K 线组合表现为单边小幅下跌后的低位股价整理，三日 K 线组合表现为低位股价整理，那么，只要多方单日放量上攻或小幅稳健连续上攻突破三日 K 线组合中的阴线开盘价时，说明多方已经攻下三日空方堡垒，投资者可以适量买入了。

K 线组合只是看盘涨跌的一个方面，也不要过于迷信它，大盘的 K 线组合信号真，而个股的 K 线组合则可能失真，因为庄家可以做假 K 线组合，所以，在分析 K 线组合时，一定要先以大盘 K 线组合为主线，再看个股 K 线组合与大盘 K 线组合的对比，两者的占优方是否一致，如果出现不一致就要注意了。例如，在反弹行情中，当大盘的五日 K 线组合表现为多方占优，而个股五日 K 线组合中，有的多方占优力度与大盘相同，有的多方占优力度要强于大盘，有的占优力度要弱于大盘，那么，投资者做短线最好的标的股就是多方占优力度要强于大盘的个股，因为这样的个股属于强势股，一般都有不错的涨幅。如果是在反转行情中，没有来得及抓住强势股的投资者，也可以在低位介入那些弱势股，因为在反转的市场行情中，这些弱势股有强烈的补涨要求。

三、熟用 K 线组合

想要熟练地掌握和应用 K 线组合的各种形态，需要投资者花费大量的时间来研究股市和个股走势的历史，包括日线、周线、月线和年线。把股票历史走势中出现的各种各样的特殊 K 线组合加以分析和研究，最后知道它是在什么样的大小环境中形成的，如果未来再出现类似的环境，这样特殊的 K 线组合会以什么样的新面孔出现。投资者要带着问题去研究历史K线组合，而不是死记硬背一些特殊的K线组合。

例如，投资者时常会听到某些分析师或专家在预测股票或市场走势时，当三日K线组合正好是三个小阳线，这些分析师或专家就说这是“红三兵”，是上涨信号，要赶紧买入。谁知投资者刚买入就被套了。为什么？不分市场处在什么样的走势下，看见“红三兵”脑袋就发热，认为是上涨信号，这是犯了本本主义错误。在熊市下跌中，别说是“红三兵”，就是“红四兵”也不管用，都是短暂的反弹而已，是出货的好时机，绝不是进货的好时机。

再举一例，“三只乌鸦”是连续收三日阴线的K线组合，这样的K线组合也会被所谓的专家和分析师时常挂在口中，特别是市场处在反转行情中，一旦出现“三只乌鸦”，就认为是见顶信号，结果投资者卖掉了手中的股票，谁知次日一个大阳线就吃掉了“三只乌鸦”，令投资者叫苦不迭。牛市中，别说是“三只乌鸦”，就是“五只乌鸦”在高位盘旋都不用害怕，因为市场随时都会吃掉这只高位盘旋的“乌鸦”。因此，投资者要变通地看这些特殊的K线组合，特殊的K线组合只有遇到它适宜的环境时，才会发出正确的信号来。

技术指标是K线组合的另一种直观表现形式，但技术指标是“表”，而K线组合是“里”，K线组合所透露出来的信息是丰富的，能比技术指标更早发现市场涨跌前所发出的信息。因为股市是不断向前运动发展的，每一天都会有新的K线组合出现，这就要求投资者要日复一日、年复一年地看盘、解盘和复盘，只有这样，才能对股市中出现的各种各样的K线组合有更准确的判断，与此同时，也会不知不觉间培养出盘感。所谓盘感，就是在大量研究的基础上，对某些重要的股市K线组合能够第一时间敏锐地觉察出来，对投资策略进行及时修正，第一时间抄底或逃顶。

第六节　巧用压力对抗线研判

支撑线又称抵抗线，是指当股价下跌到某个价位附近时，会出现买方增加、卖方减少的情况，从而使股票价格停止下跌，甚至有可能回升。支撑线起到阻止股票价格继续下跌的作用。这个阻止股价继续下跌的价格就是支撑线所在的位置。

压力线又称阻力线，是指当股价上涨到某个价位附近时，会出现卖方增加、买方减少的情况，从而使股价停止上涨，甚至出现回落。压力线起到阻止股票价格继续上升的作用。这个阻止股价继续上升的价位就是压力线所在的位置。

在某一价位附近之所以形成对股票价格运动的支撑和压力，主要由投资者的筹码分布、持有成本以及投资者的心理因素决定。支撑线和压力线之间可以相互转化。一条支撑线如果被跌破，那么这一支撑线将转化为压力线，同理，一条压力线被突破，这一压力线将转化为支撑线。这说明支撑线和压力线并不是一成不变的，而是可以改变的，条件是它被有效的、足够强大的股票价格变动所突破。

压力线和支撑线的两种标准形式，如图 2–6 和图 2–7 所示。

图 2–6 中，折线代表股价走势，其中，最下面的横线代表股价有三次触碰到同一低点附近，股价回落到此处后获得支撑，然后向上突破到前期股价徘徊的高点，也就是图中的所示压力线后，股价再次回调到前期高点并且获得支撑后，股价则折返，继续高走，此时，前期压力线也就转变为新的支撑线。

图 2–7 中，折线代表股价走势，压力线表示股价在某一高点位附近徘徊，支撑线表示股价在某一低点位附近徘徊。当股价跌破支撑线，反弹后也没能突破支撑线后，此时，前期的支撑线就变成了压力线。

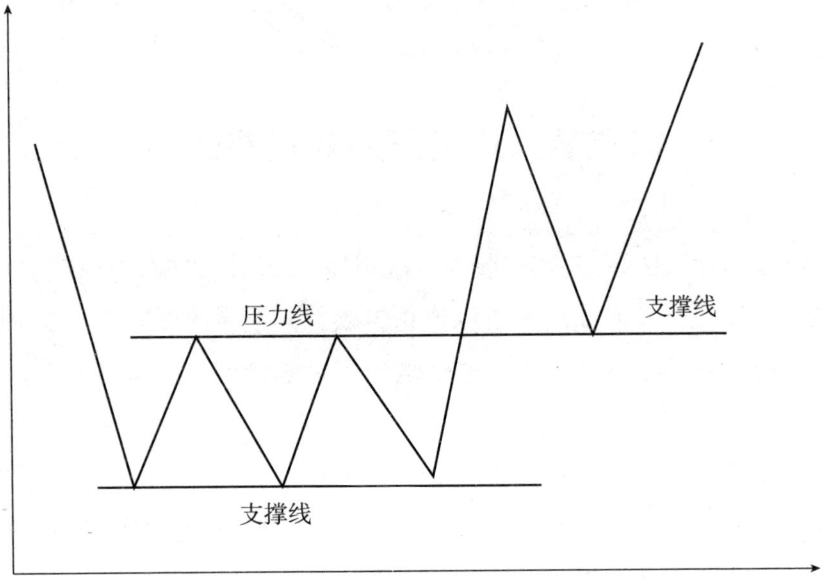

图 2-6　支撑线与压力线的标准形式之一

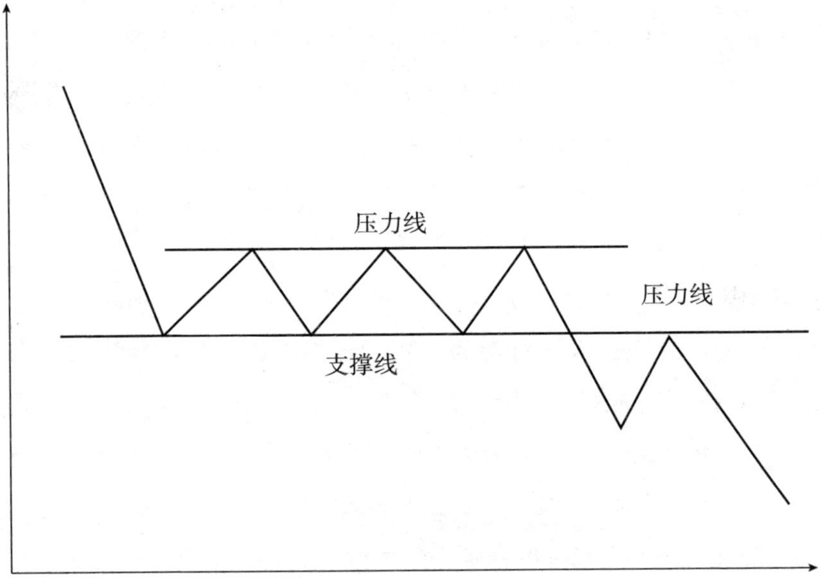

图 2-7　支撑线与压力线的标准形式之二

通过图 2–6 和图 2–7 可知，支撑线和压力线是可以相互转化的，但转化是有条件的，就是股价一定要彻底冲破前期的压力线和支撑线。

重要点位的支撑点和压力点具有支撑和压力的作用。所谓的重要点位，特指股价在某一点位长时间上下震荡，交易量越大，其支撑和压力的作用越大。对于重要点位的支撑点和压力点，投资者一定要心中有数，千万不能认为重要点位的支撑点或压力点就是股价走势的底或顶，股价突破重要点位关键要看它的力度，如果量价齐涨，强势突破压力点，那么压力点就变成以后的支撑点了，如果量价涨势比较弱，那么，在没有达到重要压力点位时，股价就要先蓄势回调，等待下一次攻击重要压力点，一连几次都攻不下压力点时，可能股价又在形成一个新的压力点，也就是见新顶了。

大盘的重要支撑点和压力点是比较重要的预测股市走势的依据，个股的支撑点和压力点相对没有那么重要，因为庄家会利用重要的支撑点和压力点大做文章，例如，大盘企稳反弹时，有些个股主力利用利空消息打压股价，使股价破位重要的支撑点，大量吸筹。反之亦然。大盘的重要支撑点和压力点非常重要，因为庄家做盘也是顺势而为。

第七节　巧用平衡综合法研判

以上介绍了判断市场涨跌的不同方面，如果要提高成功判断股市涨跌的概率，就得进行全方位的分析，不要像盲人摸象那样，只摸到大象的一部分后，就得出结论，结果就会以偏概全。平衡法判断市场涨跌的好处就在于它是全面地分析股市，每个点都要看，哪个都不偏废，从而大大增加了判断股市涨跌的准确率。

图 2–8 中，关于经济指标、股市政策、市场数据、技术指标、K 线组合和重要点位前面都已经做了说明，这里主要讲解一下一致性和板块表现。

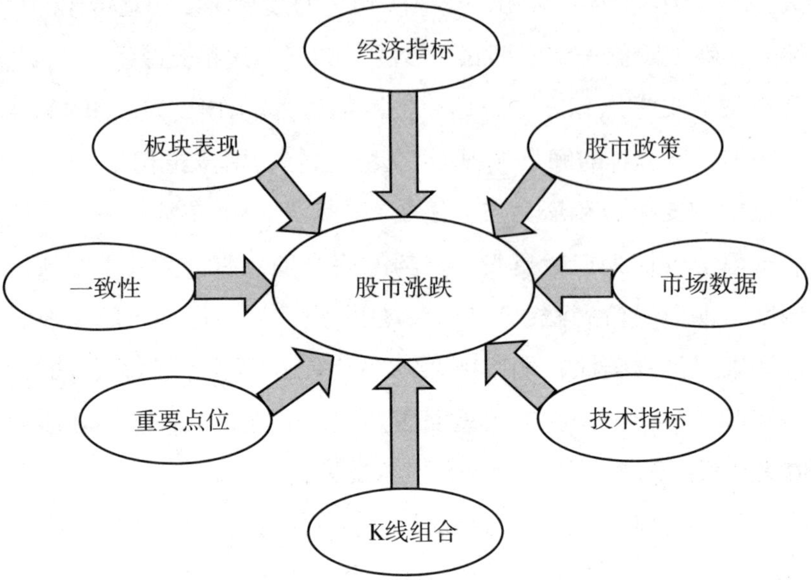

图 2-8　平衡综合法判断股市涨跌

一致性就是股市的整体表现，当股市在一段时期内所有股票都呈现出统一趋势形态时，此时市场就为触底或触顶做准备了。例如，当股市处于下跌时，强势股开始补跌了，就意味着只要强势股回调到平均下跌幅度后，市场就要见底了。另外，一致性还表现为市场在一轮上涨或下跌周期里表现出的一致走势的特点。当股市处于高涨时，弱势股开始补涨，当弱势股补涨到平均上涨水平后，市场就要见顶了。

板块表现是指股市运行到某种形态后各个板块的表现。例如，市场每一次反弹时，都有一个领涨板块，而反转时，各个板块会轮番领涨。反之亦然。

经济指标和股市政策是定性分析，而市场数据、技术指标、K 线组合、重要点位、一致性和板块表现都属于定量分析。定性分析是用来判断当前经济或市场处于一种什么样的状态，为一年的投资策略做定性，定量分析是在定性分析完成后，为具体介入股市操作时机而做的准备。

投资者利用平衡综合法判断股市涨跌的步骤如下。

（1）利用五五分法定义市场的牛熊。

（2）经济指标以 GDP 增长率为主，其他指标为辅。因为 GDP 增长率是否平稳增长或一直保持在一定幅度内，是判断经济走向的基础，也是决定上市公司业绩的主要因素，如果上市公司的业绩下滑，那么股市走势也不会太好。

（3）关注股市政策的好坏，一般来说，熊市时政府部门会出台一些政策或措施提振股市，牛市时会出台政策打压股市。

（4）市场数据每周都要查看，股市走势走到拐点时，每天都要复盘查看。

（5）技术指标表现为全部向好或向坏。

（6）K 线组合中，会出现单底（顶）、双重底（顶）、三重底（顶）、平底（顶）以及圆弧底（顶）的特征。

（7）重要点位指股市走势是否触及或破位了前期重要支撑点或压力点，亦或是有历史标志性意义的点位。

（8）只要股市在一段时期内的走势有着明显的规律性涨跌特点，那么这种走势就可以定义为时期一致性，例如，股市从 2005 年 10 月到 2007 年 10 月走势特点形态为大牛市，2007 年 10 月到 2008 年 10 月走势特点形态为大快熊市，2008 年 10 月到 2009 年 8 月走势特点形态为小牛市，2009 年 8 月到 2011 年 3 月走势特点形态为牛熊震荡市，2011 年 3 月到 2013 年 4 月走势特点形态为慢熊市，2014 年 9 月到 2015 年 5 月走势特点形态为大牛市，2015 年 6 月到 2016 年 1 月走势特点形态为大熊市。一致性的另一方面就是当股市中所有股票在一小段时期内走势完全趋同，此时投资者心中要有数，当股市处于止跌企稳或滞涨的拐点时，底或顶就要出现了。

（9）不论是反弹还是反转，都会有领头羊板块，如果是持续的中大盘股板块领涨的话，这轮反弹或反转行情就基本确定了，如果是中小盘股或创业板、ST 板块领涨的话，就要注意了，没有中大盘板块股参与反弹或反转的话，这样的反弹和反转高度有限，反之亦然。

判断股市未来走向需要投资者付出极大的耐心，并不断修正已经得出的结论，只有这样才能抓住市场趋势，通吃牛熊。

第3堂课

识主力

所谓主力，是指那些资金实力强大的投资机构，现在股票市场的投资机构越来越多，越来越多样化，对于股市来讲是好事，因为不断有投资机构投资股票市场，就会带来大量新增资金，对于股市的资金流有重要的意义。有人说，投资机构在股市上就是搜刮散户的钱，就像“割韭菜一样”，养一茬，割一茬。这话只说对了一半，为什么呢？因为投资机构也并不是你想象中那样强大，机构也不是神，纵观2006年到2007年的大牛市，公募基金的平均业绩也只翻了两倍多，而同期的上证指数则翻了六倍之多，而2008年的大熊市，公募基金的平均业绩是亏损5%左右。2015年的大牛市到股灾，公募基金的收益也是坐了一趟过山车。也就是说，在牛熊交替的市场里，基金也没怎么赚钱，而基民在去除了申购费、赎回费、管理费后，根本就没赚钱，不亏就是好的了。而在牛市里崛起的私募基金倒是让人有一种眼前一亮的感觉，私募基金的平均收益率在牛市大大超越了公募基金的平均业绩，这也与私募基金的利益风险捆绑和灵活的操作模式有关。但在2008年的大熊市、2011年的慢熊以及2015年到2018年期间，一批私募基金也彻底被市场淘汰了。

为什么要研习主力呢？因为主力机构在股票市场里起到的是领头羊的作用，可以在短时间内利用资金优势拉升或打压股价，从而引起某只股票股价的阶段性波动。如果介入时机得当，散户投资者就可以利用主力拉升股价时卖出，主力打压股价时提前潜伏买入，从而赚取股票的价格差收益。既然主力扮演的是领头羊的角色，散户投资者就要熟悉这个超级对手，只有摸清主力的性格和品性，才能在与主力分食时占有有利地位，进而获得每一次拉升的利润。

第一节　主力的因子分析

中央汇金公司、社保基金、保险公司、公募基金、私募基金、QFII、财务公司、一般法人公司、上市公司、游资、超级大户，这些都是市场拉升的主力。不同的主力参与股票的方式和拉升的手法是不同的，像中央汇金和社保基金这样的超级主力的操作手法，是等待好的进场时机抄底，几乎不参与拉升。大型险资的操作手法也类似社保基金。一般的公募基金操作方式也跟散户差不多，大多数都追涨杀跌，与社保基金和大型险资相比，公募基金是参与股票拉升的。市场中最灵活的当属私募基金和游资，他们是拉升的主力军，而且方式方法灵活多样，给市场增添了许多新鲜和刺激。

大多数公募基金选股还是以基本面为主，看重上市公司的业绩，一只绩优公司会汇集许多家公募基金，如果这家公司不出现业绩的大幅波动，大多数公募基金都会把这家公司的股票作为压箱底的股票来持有，少则一到两年，多则持有数年，少数则会持有长达十几年。一家上市公司的业绩从亏损转为盈利时，会看到一批基金公司争先恐后地涌入，而一家上市公司的业绩从增长转为下降时，一批公募基金又像潮水一样地离开这家上市公司，这样的急进急出，在股票价格上体现的就是大涨大落。也有部分公募基金并不看重业绩，而是到处押宝、找题材来选股。

1. QFII

QFII，即境外合法投资机构。中国股市是一个半开放市场，外国人和外国机构不可以直接投资中国股市。外国人现在还不能直接投资A股市场，但可以直接投资B股。外国机构想要投资中国股市，要经过证监会的投资额度批准。由于每次新批准的QFII投资中国股市的额度大多数只有几十亿或几百亿的规模，所以还构不成中国股市真正的主力。他们大多数投资于比较有潜力的中小板股票。毕竟中国股市的投资环境和他们本国的不一样，QFII 在投资中国股市时出现了水土不服，国外的投资经验在中国股市里似乎行不通了。总体上，QFII 在中国的投资收益并不理想，他们一般不会参与股票的拉升，属于守株待兔型的投资风格。

2. 私募基金

私募基金分为阳光私募和地下私募。私募基金不同于公募基金的最大特点，是私募基金没有像公募基金那样很严格的监管，另外，私募基金的投资仓位也不像公募基金那样有投资仓位的限制。

目前，最大的私募基金的募集金额将近百亿，多数私募基金的募集金额也就几十亿，从资金实力上讲，还远远不是公募基金的对手。私募基金要的是绝对收益，因为私募基金只有盈利后才能收取管理费和利润分成，而不像公募基金那样追求“相对收益”，不管投资是否盈利，申购费、赎回费和管理费照收不误。私募基金的资金额决定了大多数私募基金偏向投资于中小企业股票，选择具体股票时并不以业绩为标准。他们参与股票的拉升，或是自己就作为绝对主力来拉升股票，拉升手法与私募基金经理的投资风格息息相关。

3. 财务公司和一般法人公司

这两个市场里的主力一般都是上市公司里分设的投资公司或是想投资股市的一般公司。资金额一般都不大，小到几千万，多到十几个亿不等。他们大多采取跟随的策略，不是绝对的控股主力，具有追涨杀跌的特性。有时在适当时机，遇到合适的股票，他们也会充当一把主力，但拉升的力度和高度一般都没有持续性，最多拉两三个涨停板。

4. 游资

市场上关于游资的定义还没有一个明确的标准，但市场里确实存在这么一股资金力量，资金实力在几十亿到几百亿之间。游资是市场里的绝对投机者，他们长期混迹于股市，对股市信息的把握像狗一样灵敏，一旦遇到合适的“猎物”，就迅速出击，拉升手法一般比较凶悍。只要有题材，不管是新股还是次新股，是业绩优良还是比较差，都不重要，重要的是短期拉升，在获利后就及时撤出。游资是不会出现在十大流通股东名单的，一般只能通过一直拉升的股票手法来判断是不是游资所为。游资对待股市，就是有机会就做一把，没机会就把钱投资到别处，投机性很强。

5. 上市公司

虽然有少数上市公司“不务正业”，把主业变成了炒股，但大多数上市公司还是兢兢业业地经营着实体，只有在自家股票价格出现极度虚高时，考虑减持股票，而在自家股票价格低于实体价值时增持股票。

上市公司不参与股票的拉升，也就是说，上市公司不是股票拉升的主力，因为他们在一级市场已经融到巨大资金，但自家的股票要是能够一直保持较高价格的话，对日后增发股票是极其有利的。不少上市公司就是在自家股票价格较高时来增发股票，此时不但增发融资比较容易，还能融到一大笔资金，远比炒股赚钱来得快多了，还没有风险。

6. 超级大户

所谓超级大户，就是股民所说的“牛散”，“牛散”一般是不能单打独斗来做股票的，因为他的资金实力还不够，顶多几个亿，要想做，也是联合几个“牛散”来做一只盘子超级小的股票，所以，“牛散”只能算是主力中最小的小弟，在股市里成不了气候。

第二节　主力的综合能力分析

通常认为，主力具有人才优势、信息优势和资金优势。

人才优势表现为主力拥有一批高学历的人来进行调研、分析证券市场和上市公司，具有专职性和专业性的特征。普通投资者一个人或者是几个人面对两千多家上市公司，根本不可能有充足的时间每天进行信息整理，更别谈去上市公司调研了。主力就不同了，每个板块、每个行业，具体到每只股票都有专人跟踪和调研，对于可以投资的股票，通过论证就可以进入到投资的股票池中，再通过投资决策委员会审议，最后由基金经理决定，就可以投资该股票了。也就是说，投资股票，主力是一条龙地在运作，结构上环环相扣，相当紧密，所谓的人力优势也就显现出来了。

信息优势体现在几个方面，一是对于国际和国内的政策、经济走向分析能力强；二是对于国内的某个行业或市场价格信息的获取时间上比较快；三是对于上市公司的一些特定信息也先于散户投资者获知。

资金优势，通俗来讲就是钱多，钱多可以短时间地影响股票的价格走势，使之朝着主力的意愿方向发展。

一、主力的优势

第一，以资金优势来影响个股的开盘价和收盘价。

第二，如果介入一只股票后，股价跌幅过大严重被套时，可以采取连续补仓或拉升自救的措施。公募基金喜欢连续加仓，私募基金或游资喜欢短时间拉升自救。

第三，对于一些最先得到的利好消息，可提前采取震荡或拉升式建仓，而后进行推高股价的操盘策略。

第四，利用 T+1 的交易规则，在出货时，可以利用几笔大资金先拉升股价，然后引起跟风盘后，抛售股票，第二天再利用资金优势使股价早盘低开，从而使跟风者彻底套牢。

第五，对于想建仓的股票，前期先买进一部分股票，而后在早盘开盘的几分钟时间里迅速打压股价，使股价大幅下跌甚至接近跌停，而全天股价始终保持在低位。公募基金打压股价吸筹后，一般不会在尾盘再拉升，而私募基金或游资喜欢在吸筹完毕时，在短时间内拉升尾盘，从而使失去筹码的投资者不能在有限的时间里再把筹码买回来，如果想买回来，此时股价比卖出时高出了许多个百分点，又进一步提高了持有成本。

第六，利用大宗交易来做价差。对于一些上市公司的股东，在持有的股份到期解禁后如何及时进行套现，是比较烦恼的。如果通过二级市场减持，可能会既卖不出好价钱，还影响公司的声誉，甚至还会招来投资者的谩骂，也有可能致使公司的股价大幅下跌，这都是这些解禁股东不愿意看到的。

通过大宗交易的话，就可以一次性地把解禁股全部卖掉，虽然公司也会出大宗交易公告，但对二级市场的冲击不会那么明显。而急于出手手中股份的上市公司解禁股东，因为持有自家公司的股票成本相对于二级市场的股价来说相当低廉甚至是无本，所以，再出让股票时，一般都打折出让，通常是低于自家股票当日收盘价的10%。对于长期混迹于二级市场的主力来说，这就等于是天上掉下来的一块肥肉，接手之时就有了10%的利润，如果二级市场良好或是该公司有利好时，还可以利用资金优势再拉升一把，几天就可以赚得20%~50%的利润。即使在市场不好时，第二天就在二级市场抛售，至少是不会赔本的。

第七，当市场处于熊市时，对于那些盘子比较大，业绩还可以，但不是一个主力就能控制住股价的股票，进入到该股票的多个主力就会“抱团取暖”，稳住股价，不让股价下跌，尽显主力的控盘和资金优势。

第八，可以利用股票的支撑点和压力点或技术指标的金叉和死叉来做文章，将股票的走势和仓位变化以及散户的利润，牢牢控制在自己手中。

第九，主力可以做一只股票的所有日K线和周K线。

第十，突然快速的涨停和跌停，使散户只能处于被动挨打的局面。

第十一，联合其他主力炒作板块，这样既可以避免监管上的麻烦，还能带动炒作资金入场。

第十二，熟练地利用市场趋势来炒作股票。

二、主力的劣势

散户投资者对主力是既仰慕又敬畏，每每看到的都是主力的优势。但是，俗话说“尺有所短，寸有所长”，优势和劣势，其实都是相对的。

主力的专职人才多，说明投资决策的过程一定是拖沓冗长，缺乏效率的。最后的投资结果大多是投资经理一人说了算，投资风格也就基本成了投资经理个人的投资喜好。信息优势看似比别人快了一步，但对信息的判断也并非正确，好消息来时，介入不介入、拉升不拉升、拉升的高度是多少、其他主力的行为如何、是做绝对主力还是做老二或老三、能否顺利完成出货？这些问题也都困扰着主力。资金优势是可以短时间操纵股价，但也有的主力会弄巧成拙，“偷鸡不成反蚀一把米”，拉升时没有跟风盘，打压股价时被别的主力捡了便宜建了仓。所以，优势如果利用不好，反而成了劣势。

第一，相中的个股被别的主力抢先进驻，做老大是不行了，做了老二、老三，就得看老大的脸色了。

第二，相中的个股没有在低位成功建仓，持股成本相对较高，不利于后期拉升。

第三，相中的个股在低位建仓成功，但该股始终没有什么利好消息或题材可供炒作，即使强行拉升，跟风盘也会严重不足。

第四，市场不好时，错判底部，提前抄底，结果同样被套。

第五，错误介入股票或者提前抄底失败，想止损的时候，该股的成交量极度不活跃，换手率小于 1%，想出局都没有门。

第六，主力最怕的就是介入的股票业绩突然大变脸或是突发的利空消息，这时有无其他主力已无关紧要，重要的是会上演主力与散户集体大逃亡的疯狂表演，没有赢家，全都亏损累累。

第七，资金实力不强的主力不愿意出现在上市公司各季度报表中的十大流通股东名单中，因为怕大主力把自己给吃掉。

第八，绝对控股时，拉升的手法被游资或短线客识破，迫不得已终止拉升，导致亏损。

第九，对于想做跟随者的主力来说，刚加仓完毕后，发现老大趁机将筹码脱手，自己暂时变成了老大，只能听天由命了。

第十，有的主力禁不住诱惑，介入有题材或是有超级利好的股票，此时该股票的价格已经很高了，当买完股票时，其他主力已经不玩了，股价开始滞涨并下跌了，只能止损或是高位被套了。

第十一，有的主力从介入到撤出一只股票时，根本没赚什么钱，但就在卖出股票后不久，该股因突发利好大涨了。

第十二，主力在建仓完毕后，最怕发现别的主力也在该股同时建仓，解决的办法就是利用资金优势将另一个同时建仓的主力打压出去或者联合炒作，如果资金实力不强，自己找个高点出去或是两者干耗着，直至另一个自己出局。

第十三，主力辛辛苦苦把股价拉升到目标点位后，手中获利筹码始终得不到兑现，不得不每天用资金来扛住股价，增加了交易成本。有的主力完全彻底地出货用了 1~3 年，用时间换来了空间，这都是主力害怕的。

第十四，主力最怕介入的上市公司财务造假、重组失败，此时该上市公司就是不折不扣的“黑天鹅”，只要介入，就必然面临一次大的亏损。

第十五，对于一些中盘股，多家主力同时建仓，建完仓后股价始终上不去，因为没有别的主力介入，股价就这样不上不下地僵持着，这也是众多主力不愿看到的。

第十六，游资最害怕的就是证监会了，因为游资的拉升一般比较凶悍，拉升的股票也容易成为证监会的监管对象，一旦拉升手法露出马脚，吃罚单是肯定的了。

第十七，主力最害怕的是经济长期下滑，低迷不振，最终会致使股市长期低迷，导致市场里没有赢家。

第十八，主力还害怕股市里随时出现的系统性暴跌风险。

第十九，主力害怕经济长期通胀，因为通胀是炒股的最大对手。

第二十，公募基金最怕业绩排名靠后，私募基金最怕一年到头白忙活，不赚钱。

第三节　主力的操盘分析

主力其实没有想象中那样强大，做主力也是非常辛苦的，那么多的资金何时操作？怎样操作？目标是多少？错判后的策略如何？这只是主力操作过程中遇到的简单问题。有的私募或游资或部分基金，在利用资金优势操作一只股票时，首先要制定严密的炒作方案，既不能引起监管部门的注意，还得引起市场的注意，成本、最高利润等都要随着市场环境的变化而变化，每天都要对该股进行交易分析，对消息的利用程度进行分析，并为第二天的操作制定好计划，压力也是非常大的。一只股票的价格被主力拉升一倍后，如果能在一到三个月顺利出货的话，去除所有成本，纯利润不过是30%~50%左右，这还是做得好的，做不好的话，也就是 10%~30% 的利润，甚至不赚钱。

目前市场上的机构投资者越来越多样化，上市公司的数量也越来越多，以前那种普遍的坐庄模式早已不适用。只有一小部分主力依然在一些小盘股上还玩坐庄这种游戏。主力的主流赚钱模式还是得靠市场的回暖，上市公司业绩的提升。

在股票的风云市场里，主力扮演的角色就是“萧何”，成也是他，败也是他。股票市场里不能没有主力，就像一列火车，如果没有火车头，列车想高速行驶是不可能的。当发生不测时，主力又像一匹脱缰的野马，完全不顾马车上的乘客，自己拂尘而去，把乘客狠狠地从马车上摔下来。虽然每个主力都有一套自己的操作标准，但真正能够把握好市场节奏的并不多。在股票市场里，你会看到主力的失败操作跟散户也没什么两样，打新被套、炒新被套、高位介入被套、提前抄底被套、抄底——获利回吐——再被套（玩过山车）、连续补仓后被深套、玩短线被套、出不了货被套等。其实，主力只有在市场好时让人感觉煞是风光，市场不好时，强大的主力可能暂时把股价给稳住了，但最终也都惨败收场，因为一两个主力的资金即使再大，与整个市场的资金相比，也犹如“螳臂挡车”。

做主力是非常辛苦的，做私募更辛苦，因为要靠“绝对收益”来养活自己。主力不是神，不是跟着主力走就能有钱赚，要看主力是否铁了心地做一只股票。作为散户投资者，要熟悉主力的优势和劣势，摸透每只股票主力的脾气秉性，知道每一阶段主力是处在优势时期还是劣势时期，在主力将要发挥优势时与他做战友，在主力处于劣势时，要冷眼旁观，否则跟主力“同甘苦”，是没有好果子吃的。对于主力是联合介入拉升股价，还是在博弈中推高股价，或者是单个主力拉升股价，这些基本的拉升走势形态一定要熟记于心，一旦发现，即可做好短线、波段等操作准备了，你的荷包自然也会鼓起来了。

第4堂课

识散户

在我国股票市场，散户已经成为了名符其实的股市代言人。散户从中国股市诞生之日起，可以说其功劳是不可估量的，对股市的贡献也是不能抹杀的。庞大的散户投资者为中国股市筑起了一个强有力的根基，国企转制脱贫、拓宽民企资金渠道、券商机构的兴起等，哪个不是散户的功劳啊，但有人就是看不到这些，把股市的大涨大跌、不完善和不合理，强加给了散户，认为散户是市场走向健康发展的绊脚石。随着机构数量的兴起，未来可能还要把散户逐渐地清理门户，理由是外国股票市场都是以机构为主的，中国股市也得是这样才能健康发展。

一个交易市场，不论是从事何种商品买卖，只要制定好交易规则，完善相关法规，严惩各种违规行为，至于买卖双方是多少人来参与交易，其实并不重要，交易的人多，恰恰体现了交投的活跃气氛，一个市场只有有了人气，才能持久地经营下去。并不是照搬外国的模式就是好的，只有适合本国国情，才是好的。

但有人却看不到这一点，根本不见股市的根本顽疾是国企为脱贫而上市，成为了股市“不死鸟”；新股发行不合理，一上市就造就无数富翁；股市没有优胜劣汰的退出机制；上市公司的分红机制形同虚设等。

作为散户，要相信在国家的领导下，股市终有一天会越来越完善。如果要参与股市，就要尽快地适应目前的市场环境，快速地把自己武装起来，耐心地学习，做市场里的强人。

第一节　散户的多类别对比

股市中散户众多，男女老少，各行各业，不论穷富，股市这个大家庭都将其收入囊中。所以，也就有必要对散户这个群体做出一个正确的类型划分，以便散户知道自己属于哪一类群体，做到知己知彼，才能找出自身的不足，从而对自己作出一个正确的评价。

1. 按照入市时间来划分

◆不足一年的嘎嘎新股民；

◆入市一到三年的次新股民；

◆入市三到五年的普通股民；

◆入市五到八年的一般经验股民；

◆入市八到十年的资深股民；

◆入市十年以上的骨灰级股民。

2. 按照年龄来划分

◆ 18岁到22岁的小青年；

◆ 23岁到30岁的青年人；

◆ 30岁到49岁的中年人；

◆ 50岁到60岁的中老年人；

◆ 60岁以上的老年人。

3. 按照性别来划分

◆女性股民；

◆男性股民。

4. 按照身份来划分

◆入市的有农民和工人；

◆入市的有学生和失业者；

◆入市的有待业者、自由职业者和退休人士；

◆入市的有知识分子和公务员；

◆入市的有普通职员和领导干部；

◆入市的有港澳台及华侨人士。

5. 按照入市动机来划分

◆新手练手，不在乎是亏是赚，重要的是积累经验，看看有没有在股市里赚钱的可能；

◆退休或闲赋在家，用来打发时间；

◆家庭妇女的生活方式之一，赚点零花钱；

◆作为投资理财的方式之一，增加一份收入；

◆想在股市里赚点儿外快；

◆想在股市里一夜暴富；

◆想在股市里赚大钱；

◆想把股市作为自己的提款机；

◆想获得稳定连续的股息收入；

◆想要持续稳定地在股市获利，使财富保持复利增长；

◆作为一份职业来入市炒股，要养家糊口；

◆到股市里寻找大涨大跌的刺激，以赌博的心态入市；

◆作为业余爱好入市；

◆就是喜欢股市，一辈子致力于股票研究，成为股市里的大师；

◆想要做上市公司的大股东，或者是绝对控股该上市公司。

6. 按照判断市场的标准来划分

◆小道消息派，爱打听各种消息，以此来买卖股票；

◆电视、报刊派，喜欢看电视或者报刊上的股市分析，以此来买卖股票；

◆博客派，天天看股市分析的博客，或是迷信某一博主，以此来买卖股票；

◆亲戚朋友派，全靠亲戚朋友的指点，据此买卖股票；

◆分析师派，研究各个券商分析师的涨跌分析，据此买卖股票；

◆指标派，迷恋各种指标，比如均线、MACD、KDJ 等指标的金叉和死叉，以此来买卖股票；

◆软件派，根据炒股软件的提示来买卖股票；

◆主力派，以主力的持仓多少来判断市场涨跌和买卖股票；

◆政策或经济指标派，根据大环境的政策或经济指标走向来买卖股票；

◆专家老师派，根据所谓的专家或自己拜师，在他们的指导下买卖股票；

◆自己派，谁也信不着，自己凭感觉买卖；

◆理论派，依据各种书籍里的理论来指导股票买卖；

◆综合派，综合各种消息和技术分析后，依据自己的标准来买卖股票。

7. 按照选股偏好的类型划分

◆喜欢炒作题材、热点股；

◆喜欢追高或追涨停股；

◆喜欢低价股；

◆喜欢高价股；

◆喜欢下跌或是大跌股；

◆喜欢 ST 类股；

◆喜欢绩优股或绩差股；

◆喜欢有业绩预期利好或利空的股票；

◆喜欢炒某些有人推荐的股票；

◆喜欢炒某种特定 K 线组合形态的股票；

◆喜欢炒某个主力的重仓股；

◆喜欢炒大盘股或中小盘或创业板股票；

◆喜欢炒一两只自己熟悉的股票；

◆喜欢炒某个行业的股票；

◆喜欢炒某个地区的股票。

8. 按照仓位变化来划分

◆一直满仓操作；

◆一直轻仓操作；

◆一直半仓操作；

◆时而空仓，时而满仓操作；

◆时而空仓，时而半仓或轻仓操作。

9. 按照持股时间来划分

◆持股时间一年以上的长线操作；

◆持股数月的中线操作；

◆持股几周的波段操作；

◆持股几天的短线操作。

10. 按照本金多少来划分

◆ 1 万元以下本金；

◆ 1 万元到 3 万元本金；

◆ 3 万元到 5 万元本金；

◆ 5 万元到 10 万元本金；

◆ 10 万元到 30 万元本金；

◆ 30 万元到 50 万元本金；

◆ 50 万元到 100 万元本金；

◆ 100 万元到 300 万元本金；

◆ 300 万元到 500 万元本金；

◆ 500 万元以上本金。

11. 按照账户资金的波动来划分

◆资金越来越少；

◆资金逐渐增多；

◆资金时多时少；

◆资金基本一直持平。

12. 按照陆续投入的资金来划分

◆一次性投入本金，再也没增加过资金；

◆只投入过几次资金后，再也没有投入过资金；

◆陆续投入资金，致使投入的本金越来越多；

◆一次投入本金后，又分几次抽出一部分本金；

◆陆续投入资金后，又不断地抽出资金。

13. 按照文化程度来划分

◆小学或初中文化；

◆高中文化；

◆大专或本科学历；

◆硕士或博士学历。

14. 按照钻研股市程度来划分

◆对股市知识一无所知；

◆对股市知识一知半解；

◆掌握股市基础知识，但运用不熟练；

◆掌握股市的各种理论知识，并能熟练应用；

◆精通股市的理论知识，并熟练运用，已经形成一套自己的股市应用知识。

15. 按照对待股市的心理来划分

◆恐惧型，对股市交易持有恐惧心理，一买入股票即恐惧下跌，卖出后又恐惧股票大涨；

◆兴奋型，就是喜欢买卖股票，不交易不舒服，无论买和卖都比较亢奋；

◆愤怒型，只有自己的股票大涨时才心情平静，只要自己的股票不涨或大跌时，就生气愤怒；

◆忧郁型，对股市的涨与跌感到担心，忧虑股市会不会有什么大利空，总体交易亏多赢少；

◆紧张型，只要持有股票和买卖交易股票时，就非常紧张，心跳加速，生怕误操作或没有交易到好价格；

◆平静型，对待股票的跌与涨早已司空见惯，能够静心地交易股票；

◆喜怒无常型，心情跟K线走势一样，大涨就高兴，跌了就愤怒；

- ◆后悔型，经常对自己的交易不满意，不是卖低了，就是买高了，交易完后就后悔，并深度自责；
- ◆傲娇型，只要自己持有的股票大涨或偶然遇到了一只大牛股，逢人就大肆炫耀，显示自己炒股水平有多厉害，非常傲娇；
- ◆原因型，整天研究大盘的涨跌原因，分析持仓股票大涨或大跌的原因，如果找不到原因就坐立不安，觉都睡不好；
- ◆唠叨型，一天不跟别人谈论股票就不舒服，唠唠叨叨地谈个没完；
- ◆持股心安型，只要账号有资金，就得买股，不买股就好像赔了钱一样，只要买股了，不论涨跌都安心；
- ◆自信型，每当自己总结的股市规律或操盘规律在实操中得到验证后就信息满满，更加对自己的理论充满信心；
- ◆猴急型，只要自己持仓的股票大涨或微涨，就开始猴急想卖了，就怕不卖后就下跌，所以都是微利卖出，从没赚过大钱；
- ◆郁闷型，经常追涨杀跌，账户缩水，操作总是错多对少，交易后经常会郁闷，懊悔不已；
- ◆幻想型，经常幻想能在股市里发大财，越挫越勇；
- ◆失眠型，就爱晚上想股市，想自己持仓的股票，想各种利空利多消息，所以经常失眠多梦；
- ◆老师型，天生就喜欢教育别人，更喜欢指点别人的股票操作，分析买卖点等，好为人师；
- ◆冷血型，像冷血动物一样对待股票，不论是分析大盘走势还是分析自己持仓股票的买卖点，都面无表情，非常冷静；
- ◆高手型，对股票规律和操盘手法早已应用熟练，胜多负少，充分享受股票盈利的快乐。

16. 综合分析投资股市的有利面

以上按照不同的标准，将炒股人群划分成了不同的类型，那么，在这些类型里，哪些是对炒股有利的一面呢？

按照入市时间来划分，炒股的时间越长，实践经验越多，踩过的坑也越多，避险经验也越丰富，炒股越有优势。

按照年龄来划分，年龄在23岁到49岁之间的投资者，此时正处于中青年，精力最为充沛，有充足的时间和精力来学习和研究股市，对赚钱有着强烈的目标导向。

按照性别来划分，女性的天然优势是细心和不冒进，男性的天然优势是杀伐果断。

按照身份来划分，高知阶层和领导群体在分析、判断、预测和综合评估信息时有优势。

按照入市动机来划分，把股市作为投资理财的一种工具，并投入可用投资资产的三分之一为佳。

按照判断市场的标准来划分，综合派最有优势。

按照选股偏好的类型来划分，没有哪一类型占优，因为股票短期上涨总体上是靠概念刺激的作用，长期持续性上涨是靠业绩推动的，而现阶段所有股票里能靠业绩长期推动股价上涨的占比还不高。

按照持股时间来划分，持股时间要依据大盘走势而动，牛市时可以长线持有，震荡市时中线或波段操作，熊市时要以短线为主，几种类型没有谁优谁劣。

按照本金的多少来划分，资金多少也决定了投资者不同的操盘风格，大资金实力雄厚，能参与的市场也越多，比如融资融券、股指期货、期权，以及未来的沪伦通等，都是有入市资金标准的，所以大资金有绝对的优势。

按照账户资金的波动来划分，账户稳定且连续增值是最好的。

按照陆续投入的资金来划分，能陆续投入资金，说明资金实力占优，能够在被套的情况下摊平成本，有利于快速解套和盈利。如果在熊市初期就分几次投入资金的话，将出现严重亏损，此时资金投入能力不占优势。如果在熊市末期或牛市初期分几次投入资金的话，能获得不错的收益，此时资金投入能力有优势。

按照文化程度来划分，当然是学历越高越有优势。

按照钻研股市程度来划分，从理论到实践，再从实践到理论，二者相互交织，相互影响，从中提取出自己的一套看盘理论和操盘准则的话，是最占优势的。

按照对待股市的心理来划分，能够成为股市里的塔尖人，能真正享受交易带来的快乐，赚钱反而是次要的，这是最符合股市气质的人，也是心智成熟的投资者。

每个散户投资者所处的投资水平高低不一，所以，最终每个散户投资者的综合选项是不同的。世界上没有两片相同的叶子，同样，每个投资者都有着自己独特的标签。想要在股市里成功，不下一番功夫是不行的，股票市场是相对公平的市场，不会因为你学历高、资金量大、地位高，就给你涨停，让你盈利。只要你勤奋努力，多多进行反思和总结，不论你是谁，最后股市都会给你一个不错的回报。

第二节　散户的综合能力分析

作为散户，在股市交易中有哪些优势呢？与主力相比，散户在资金实力、信息分析和获取能力、研究能力上，显然都处于不利位置。但事物都有两面性，优势和劣势是可以互相转化的。散户资金少，不能控盘或暂时控制股价，但这一点恰恰也是散户所独有的天然优势，那就是可以毫无顾虑地随便什么时间、什么价位来买卖股票，出入自由，即俗话所说的“船小好调头”。如何利用好这一优势，就成了散户投资者操作水平高低的重要标志之一。

一、散户投资者在股市里的优势

◆不论是做波段还是做短线或者做 T+0 超短线，都可以随时买入和卖出，不会被动的持仓，来去自由，这是最大的优势；

◆通过F10或其他渠道查看持有个股的主力持仓情况以及主力进出数据，为自己的操作做足准备，知己知彼，百战不殆；

◆随时可以抄底，不论大跌还是小跌，不论是大熊市还是小熊市，只要把握好时机即可。同样，也可以随时逃顶，卖出获利为安；

◆不用理会如何拉升或打压股价等主力需要做的事；

◆也不用为早盘的集合竞价和收盘的集合竞价操心；

◆买入时不用担心别的主力来抢筹而无筹码可买，同样，卖出时也不用担心别的主力来打压股价；

◆不用人为做K线图走势，只需要静心分析主力做K线图的意图即可；

◆可以在看准后潜伏涨停板或直接追涨停板；

◆赚多赚少都是自己的钱，没有业绩和排名压力；

◆想看盘就看盘，不想看盘就不用看，没人逼你，交易时间自由；

◆可以利用一些常见的技术指标分析来作为操盘的依据；

◆可以随时关注融资融券标的股的融资融券数据，在适当的时机可以随时介入该股；

◆一切看盘、操盘、交易都是自己做主，不用向任何人请示，有绝对的主动权。

散户投资者要好好利用自己的优势，只有当散户把自己的优势发挥得淋淋尽致时，才会发现，主力虽然强大，但散户也不是不堪一击，当用自己的绝对优势来攻击主力时，往往会获得意想不到的胜利。

二、投资常见的错误

1.股票市场处于牛市时

◆平时敢追涨，而当大盘连续上攻时，反而不敢追涨了，导致手握资金比例大于持仓，仓位一直不高，一场牛市下来，收益并不高；

◆在牛市的第一波上涨高点或第二波上涨高点时全仓买入，随后市场进行回调，特别是牛市第二波回调很厉害，在恐惧的支配下，在回调低点就全部割肉卖出了，做了个标准的追涨杀跌操作；

◆在牛市的第一波回调低点或第二波回调低点时，不敢全仓买入，而后在高位又进行补仓，导致持仓成本提高；

◆换股太频繁，稍稍赚一点就卖出，然后再买其他股票，这样一场牛市下来，操作了几百只股票，总体上收益并不高，还交了不少手续费；

◆在牛市初期赚到钱后，就再也不敢买入了，担心获利后的回吐，只能眼睁睁地看着股市越涨越高，错失了整个牛市的大好机会；

◆买入了一只在大熊市已经拉升完成的股票，整个大牛市都是主力的出货时期，导致收益不高或严重亏损，完美地错过牛市；

◆在牛市处于顶部时，不顾客观分析，一味地看多，成了死多头，导致股灾来了，不但所有盈利没了，还被套 50%。

2. 在股票市场处于箱体震荡时

◆总能精准地在箱体顶部买入，在箱体底部卖出，成了反向之王；

◆没有跟踪买入强势股，而是买入了弱势股，不但没有波段操作，还被迫深套其中；

◆频繁追逐热点板块，盲目买入所谓龙头股，一顿操作猛如虎，到头来才知道根本就没赚到多少钱，相当于白忙活一场；

◆在箱体底部准确抄底，但在箱体顶部时没有及时卖出，来来回回地做过山车，总是空欢喜一场；

◆在箱体的上下趋势中，买入后又卖出，总是不断地进行短线操作，整体下来不但不盈利，还赔了不少手续费；

◆箱体震荡走势持续一段时间后，一定要选择方向突破，当市场选择向上突破时，不敢买入，或回本和微利时选择卖出，错失市场大反转的行情；

◆箱体震荡走势持续一段时间后，一定要选择方向突破，当市场选择向下突破时，没能及时止盈或止损，招致严重深套。

3. 在股票市场处于熊市时

◆爱抢反弹，不是没有及时获利了结，就是不肯少赔出局，致使套在高位；
◆喜欢早盘追高买入，下午就被套，只能祈求第二天能够不赔卖出即可；
◆频繁满仓抄底，小赚或小亏玩心跳；
◆过早抄底，以至于满仓被套，还不设止损点；
◆熊市题材大多昙花一现，盲目追逐题材股，高位被套；
◆选入弱势股抄底，股价一弱再弱，温水煮青蛙，最后被深套；
◆不注意上市公司定期发布的业绩预告，导致买入业绩暴雷股，被深套；
◆在熊市末期，因为极度恐慌，错失最佳建仓机会；
◆熊市里也会有大反弹，因为害怕，所以既不敢抄底也不敢在刚反弹时追高，手握资金，错失一轮熊市大反弹的机会；
◆熊市大反弹结束后，过早地在回调中抄底，又惨遭被套；
◆大熊市中抄底过早，在后来的阴跌中又几次补仓，在后期阴跌中早已没有资金可以补充，造成巨亏深套。

作为散户投资者，如果重仓操作股票的话，还是要根据股票走势来设定自己的止损点，一旦出现破位下跌，即可在止损点卖出股票，以小亏损来换取资金的主动性，为后续操作打下良好的基础。如果不止损，被深套，就只能天天盼着股票回本了。即使是轻仓持有某只股票，最好也设置止损点，尽管后期有资金来进行降低成本的操作，但设置止损点操盘是个好习惯，是不被深套的护身符。

4. 从操作理念上来分析散户所犯的错误

◆在研判市场走势和个股涨跌趋势时，总要找拐杖，不能独立研判，在没有能力进行独立研判时，也不知道买书学习，然后再实践，逐步归纳总结分析市场，逐渐形成自己的看盘方法；
◆选择股票没有具体的依据，不是询问他人，就是自己随便买，买入前没有仔细分析股票的基本面情况，买入后就只关心有无利好消息，股票怎么还不涨或涨得慢或为什么大跌；

◆相信分散投资，本金本来就不多，还要买很多股票，根本顾不过来；

◆持仓股票的本金分配不合理，重仓股占用比例太高，一旦重仓股表现不好，整个账号都没什么起色；

◆仓位管理和资金管理很重要，在熊市时不顾市场情况，重仓抄底，犯了熊市要轻仓操作的准则；

◆一天不交易心里就不舒服，根本不顾市场情况，不但赚不到钱，还交了不少手续费；

◆患得患失，不是狂妄自大就是极度自卑，完全被股票的涨跌所左右，亏损也就在所难免了；

◆止盈点设置得太高，贪心太重，导致获利回吐，或陷入浮亏中；

◆没有认真地考虑自己的风险承受能力，等到被深套后才追悔莫及，超出了自己的风险承受能力；

◆没有正确评估自己的能力，不顾市场的具体情况就左侧交易，逆势投资，招致亏损；

◆爱炒新股，总在高位接盘，总幻想新股能继续上涨，但大多数新股在开板后都是高点；

◆买卖股票完全靠跟踪某位博主或名人的指点，把自己完全交给了别人，一旦某位博主或名人炒股水平一般的话，也跟着他们一起被套；

◆每次交易前，根本不做计划，不知道涨了怎么办，跌了怎么办，都是随心所欲。

第5堂课

识风险

不论你从事的是实业投资还是资本投资，从投资的那一天起，风险这个收益的玩伴就如影相随了。比如你投资开了一家小餐馆，你打算投入多少成本，预计几年收回投资成本，第几年能盈利，这些都应该是在开餐馆之前预估好的。同时也要知道，一旦餐馆投资失败，你将面临成本无法收回的困境，这就是投资餐馆的风险。

无论你认识还是没认识到风险，风险都在那里，有些风险是可以预先判断的，有些风险是让人始料不及的。在股市里有一个非常有趣的现象，就是大多数散户都知道股市有风险，但在风险来临时，却一点都不逃避，大有一种大义凛然的气概。询问其为什么这样做，答曰“套着舒服，卖了，万一明天涨了呢？反正都会涨回来的”。中国的股市有涨跌停制度，即使系统性风险来临时，亏损的幅度也不会太大，只要能及时脱身的话。而国外股市就不同了，没有涨跌停制度，一旦遭遇系统性风险，有的个股一天就能跌 60% 甚至 80% 的幅度，可以说，一不小心就倾家荡产了。

炒股不是要求你能躲过所有的风险，因为有些突然的风险会令你措手不及，但是你可以尽可能地把风险带来的损失降到最低。

第一节　风险的归因识别

一、系统性风险

系统性风险，即指由政治、经济、社会等环境因素对证券价格所造成的影响。系统性风险包括市场风险、政策风险、经济周期性波动的风险、利率风险、购买力风险、汇率风险。系统性风险构成，如图 5–1 所示。

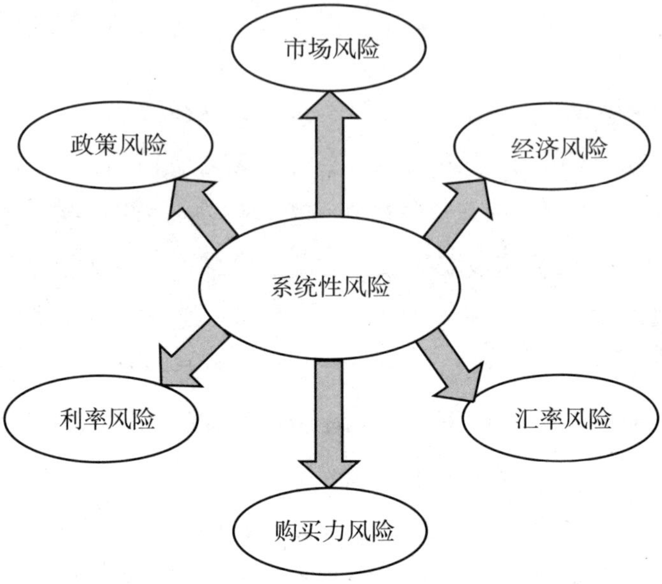

图 5-1　系统性风险构成

图 5-1 中，系统性风险由六大风险构成，每一种风险在一定环境下都有可能发生，甚至也会有多个风险一起出现的情况。

1. 市场风险

市场风险是证券投资活动中最普遍、最常见的风险，是由证券价格的涨落直接引起的。当市场整体价值高估时，市场风险将加大。

识别与控制：股市在大牛市时，容易出现超级泡沫价格，可以通过股票市场的整体市盈率和市净率来识别。一般来说，整体平均市盈率大于 40，整体平均市净率大于 5 时，就要时刻注意了，当股市高位回落 10% 时，可考虑获利出局，躲避风险。

2. 经济周期波动风险

经济周期是指社会经济阶段性的循环和波动，是经济发展的客观规律。经济周期的变化决定了企业的景气和效率，从而从根本上决定了股票行情的变化趋势。如世界经济或某国经济发生严重危机、持续高涨的通货膨胀、特大自然灾害等。整体风险造成的后果带有普遍性，其主要特征是所有股票均下跌，不可能通过购买其他股票保值。在这种情况下，投资者都要遭受很大的损失，许多人都要竭力抛出手中的股票。

识别与控制：经济指标恶化，上市公司盈利能力下降，上市公司各项指标也趋于恶化状态，非常容易识别。一旦发生经济周期波动，最佳避险方法就是及时退出股市，改投其他方面的投资。

3. 汇率风险

汇率风险又称外汇风险，指经济主体持有或运用外汇的经济活动中，因汇率变动而蒙受损失的可能性。

识别与控制：因为中国是汇率管制国家，所以，我国汇率的波动受到世界各国间汇率波动影响较小。投资者只需盯着人民币对美元的汇率即可，可以挖掘出一些汇率变化概念股的投资机会。

4. 购买力风险

由于物价上涨，同样金额的资金，未必能买到和过去一样的商品。这种物价的变化导致了资金实际购买力的不确定性，称为购买力风险，或通胀风险。在证券市场上，由于投资证券的回报是以货币的形式来支付的，在通胀时期，货币的购买力下降，也就是投资的实际收益下降，也存在给投资者带来损失的可能。

识别与控制：投资者可关注 CPI 和 PPI 两大指标的走势，因为这两大指标可以看作是高通胀前的信号，而 CPI 又是 PPI 的先行信号。观察时间一般为连续的三个月，如果连续三个月 PPI 出现正增长，而 CPI 也连续出现正增长，且 CPI 增长率大于 5% 时，就可以说是严重的通货膨胀了。投资者在通胀初期可以购买一些收益类股票，到通胀高潮时，最好就是卖掉手中所有股票。

5. 利率风险

市场价格的变化随时受到市场利率水平的影响。一般来说，市场利率提高时，会对股市资金供求方面产生一定的影响。

识别与控制：央行在货币市场流动性过剩或过窄时，要利用利率工具来进行调节，虽然未来利率市场化是必然，但真正调节利率走势的大权还在央行那里，所以，我国的利率风险不大，投资者关注央行的存款准备金率变化即可。一般来说，央行连续增加商业银行的存款准备金率，是加息前的征兆，反之亦然。

6. 政策风险

政府的经济政策和管理措施的变化，可以影响到公司利润、投资收益的变化；证券交易政策的变化，可以直接影响到证券的价格。而一些看似无关的政策变化，比如对于私人购房的政策，也可能影响证券市场的资金供求关系。因此，经济政策、法规出台或调整，对证券市场会有一定影响，如果这种影响较大时，会引起市场整体的较大波动。例如印花税的调整、交易所交易规则的改变。

识别与控制：根据市场所处阶段，每天要查看相关的信息，特别是一些部门的领导在一些重要场合对股市或经济的看法，可以作为先前政策出台的信号，或者是根据历史经验来推测政府可能出台的相关政策，做好资金管理和相关操作策略。

二、顶部风险

股票上涨达到一定高度后出现滞涨的情形，如果是牛市，有回调要求，如果是熊市，就是反弹顶了，此时投资者买入的话，牛市时，增加了买入成本和暂时性被套，熊市时就彻底被套在顶部了，等待解套的时间漫长。

识别与控制：突破前期高点的K线形成的顶部且量价齐升，可认为有继续冲高的可能，否则就是区域性顶部，空仓观察等待即可。

三、追高风险

追高风险是指喜欢追涨的操作情形，在熊市反弹期间和牛市期间，追高只是增加了买入成本，还有少许盈利，可是在震荡市和熊市期间，错把反抽当反弹，会招致亏损。另一种追高风险体现在对题材股的短线炒作中，主力连续做几个一字板后再拉升时，此时追高买入风险极大。还有主力短暂拉升只为出货时，不慎追高介入，买入后就变成主力口中的羔羊。

识别与控制：最好的操作就是不要追高，更不要上午追高，如果想追高的话，只能追第一个涨停板且是下午才拉升的股票才保险。

四、左侧交易风险

股票走势连续下跌，根本没有止跌企稳时操作介入的情形。因为股市整体是处在下跌当中，也就是所谓的左侧，有部分投资者忍不住寂寞或者想抄底，就提前介入了，其结果必然是亏损，因为此时市场是一个胜少负多的市场。

识别与控制：单边下跌的市场，不论用什么方法甚至用眼一看就知道市场不好。在没有止跌之前，多看少动。

五、破支撑点风险

相当重要的支撑点总是能吸引一部分投资者来抄底，当该支撑点破位时，投资者依然抱有很快就会涨回来的幻想，最终被套。

识别与控制：非常好识别，不要抄底即可。

六、抄底风险

熊市期间，股市在经历一段时期下跌后，就要歇一歇，此时部分投资者就想抄底，但结果是那根本就不是底，股市又继续下跌的情形。牛市末期，市场开始第一次下跌时，部分投资者牛市思维严重，误认为是牛市回调，而抄底介入的情形。

识别与控制：大盘止跌后，可少量资金介入，如果市场反弹高度不高或反弹无力，就及时撤出，多看少动，避免抄底被套。

七、突发事件风险

经济生活中总是有重大的意外事件发生，牵动着股市的神经，例如，日本核泄漏、动车事故、反倾销调查、火灾洪水、地震海啸、三聚氰胺事件、瘦肉精事件、皮鞋奶事件、白酒塑化剂事件等。不论是哪种意外发生，对于部分上市公司来说都是重大利空，从而影响股价。

识别与控制：识别起来有难度，只能从控制风险的角度来采取措施了，首先，不要介入有不好消息的股票，其次，如果不慎已经持有这些有负面消息的股票，如果主力不封跌停的话，最好早盘开盘就卖出。

八、T+1风险

这是交易制度上的风险，也就是说，当天买入股票后不能当日将风险转移，主力经常利用这一交易规则出货。

识别与控制：不需要识别，是一种暂时不能改变的交易规则，如果对该风险极其厌恶的话，最好在收盘前30分钟内择机交易，即可躲避不必要的交易制度风险。

九、大宗交易风险

上市公司股东或创投公司等原始股东，因为持有股票的成本非常低，在公司经营业绩下滑或股市处于熊市时，通过大宗交易平台及时套现，这种大宗交易减持股份的行为，对公司来说是利空，进而影响股价下跌。

识别与控制：每日收盘后看大宗交易平台的交易情况，数量巨大的交易要引起注意，如果市场不好，第二天找个高点卖出即可。还有另外一种情况，就是在熊市末期，一些基本面不错的公司大股东或创投公司减持股份的行为，可能是主力想通过大宗交易平台来进行建仓，所以要区别对待。

十、业绩地雷风险

业绩地雷通常发生在刚上市一到两年内的上市公司，当初为了上市而粉饰公司业绩，上市后就露出了真面目，业绩急速下滑，进而引起股价下跌，在创业板和中小板上市公司中非常常见。

识别与控制：第一，要详细查看上市公司招股说明书中的业绩增长率情况，然后找到相同行业的上市公司作比对，两家同行业公司的利润率是否差距过大，如果没有相关的上市公司，可查一查相同行业的平均盈利状况。第二，查看该上市公司的业绩预告，一旦出现业绩大幅下滑，赶紧卖掉手中的股票。

十一、上市公司财务造假风险

一些公司为了上市或者上市后为了使业绩好看，就开始在财务上做假账。当财务造假被发现后，股价一泻千里。例如，紫鑫药业（002118）、绿大地（002200）、万福生科（300268）等。

识别与控制：别说是普通投资者，就是主力也很难识别。在控制风险方面，第一，千万不要介入这些问题股，第二，第一时间抓紧逃命。

十二、重组风险

理论上，公司重组是公司优化资产、提高资产利用效率和提高盈利能力的最有力举措，但上市公司中的重组大部分却是为了避免退市而采取的保壳重组，也有一部分公司为了拉抬自家公司股价而制造重组题材。一旦这些重组没能成功，股价就会出现大跌。重组失败包括虚假重组失败、暂停重组、重组宣告破产。

识别与控制：对于散户投资者来说，识别起来不易，不建议参与重组股的买卖。

十三、涉题材风险

为了制造题材，一些主力和上市公司可谓是用心良苦，而一旦这些人为制造的概念被捅破时，被拉高的股价一下就没了根基，开始大幅下跌。例如，大元股份（600146）、中国宝安（000009）和重庆啤酒（600132）等。

识别与控制：只要涉题材的股票价格已经严重虚高后，就不要参与了。

十四、解禁风险

在上市公司宣布解禁股解禁日和解禁股真正解禁时，会引起股价下跌，特别是在弱市时，会给投资者带来心理压力，都不愿意持有这样公司的股票。

识别与控制：利用行情软件和相关财经网站上都能得到相关的解禁信息，投资者只需提前不参与介入即可。

十五、股权质押风险

股权质押，是指上市公司大股东把自己未解禁或已经解禁的股份质押给出资人，以便获取流动资金的需要。大多数上市公司的大股东把自己所持股份拿来质押以获取资金的行为，都说明该上市公司的现金流不好或是企业经营遇到了资金困难而采取的一种措施，一旦这些上市公司大股东不能及时还款，根据抵押协议，出资人可以卖掉这些股份，可能引起股价下跌。

识别与控制：上市公司都会出大股东股权质押公告，如果该上市公司业绩较差的话，不建议参与。

十六、控股大股东减持风险

一些上市公司大股东的减持，不论是在自家股票价格高位或低位减持，都足以说明市场对自家股票价格的高估，从而引起二级市场股价下行。

识别与控制：大股东减持股份也会有公告，业绩不佳及股价已经虚高的上市公司大股东减持自家股票，足以说明该上市公司的前景堪忧，不建议投资者参与。

十七、美股暴跌风险

美国股市走向是欧美股市走势的风向标，也是影响中国股市的外围因素，一旦美股暴跌，将引起各国投资者的恐慌情绪，从而引起恐慌抛售股票的行为。

识别与控制：投资者需要每天留意美股的走势，对美股走势有基本的判断，一旦美股达到一定的高位滞涨时，大跌的可能性就增加了。

十八、退市风险

虽然在中国暂停上市的公司在经过几年重组后，华丽转身又来到资本市场，“乌鸦变凤凰”的神话一直在上演着，但随着股市退市制度越来越完善，这些垃圾上市公司会彻底退出资本市场，从而使投资者血本无归。

识别与控制：垃圾股中不能进行资产重组，上市公司也会发出相关的警示通告，很好识别，不介入即可。

十九、不可抗力风险

不可抗力风险包括突发的自然灾害风险、战争和交易系统出现技术故障等。这种风险发生的概率非常小，但也不是没有，美国股市就因为飓风来袭而被迫停止交易过。

以上所述 19 条风险，是每位投资者随时都会面临的风险，了解到了这些风险，投资者就可以学会提前识别出风险，避免这些风险给自己带来的损失。这些风险除了不可抗力风险和突发事件风险外，其他风险都是可以避免或减少损失的，这就要求投资者要开阔眼界，关注国内外的经济走向以及上市公司的各种消息。

第二节　大阴线风险识别类型 I

不论是牛市还是熊市，股票走势都会产生阶段性顶部，而确认顶部的重点就是顶部出现的第一根大阴线。一旦顶部出现大阴线，就预示着股票走势方向将要下行，这段行情将结束。有技术经验的投资者在当日即将要大跌前就会悉数抛出股票，从而躲过大跌，防止利润回吐。阶段性顶部的第一根大阴线的特征是有一定规律性的，投资者只要熟记这些主要特征，并且灵活地应用，就能规避风险。笔者把股票走势中出现的所有阶段性顶部的第一根大阴线特征进行统计分析后，划分为以下几种类型，希望投资者通过学习以后，能够识别风险，躲避风险。（阶段性顶部第一根大阴线的跌幅都大于 2%，由于篇幅原因，小于 2% 的阴线在此不做分析。）

大阴线风险识别类型Ⅰ，该类型大阴线的特点：早盘股价一般平开或高开，上午股价走势在昨日收盘价以上或小幅破位震荡，上午收盘时股价大多没有破位，下午 1 点 30 分以后，股价开始震荡下行，在 2 点到 3 点期间，股价跌幅巨大。投资者应重点关注股价下午的变动趋势，以 1 点 30 分为观察的临界点，一旦跌破昨日收盘价，即可离场。标准分时图，如图 5-2 所示。

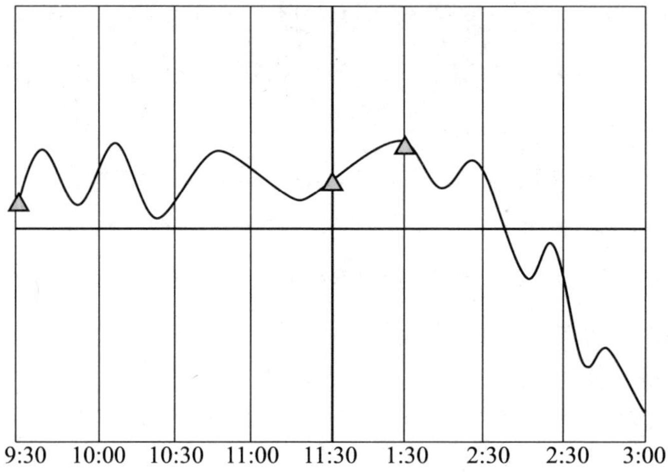

图 5-2　大阴线分时图类型Ⅰ

图 5-2 中，曲线代表当日股价走势，三角形为重点关注的时间点，分别为早盘开盘、中午休盘和下午 1 点 30 分。由图 5-2 可知，该股走势在下午 1 点 30 分之前都是一个震荡状态，1 点 30 分之后股价开始出现转折向下，所以投资者重点关注的时间就是 1 点 30 分这个时间点。

类型Ⅰ大阴线分时图在真实股市中的演绎如下所示。

图 5-3 的分时图，股价开盘和午盘收盘时都高于昨日收盘价，股价从下午 1 点 30 分开始转向向下，2 点后开始急跌。投资者在 1 点 30 分时就要注意，当股价刚刚跌破昨日收盘价时（图中标识的箭头位置），就立即清仓。

由图 5-4 可知，标识的箭头位置为确认卖出点。

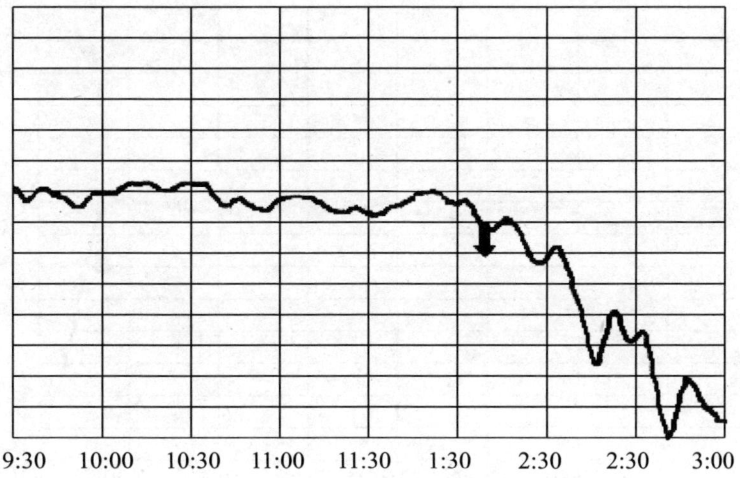

图 5-3 类型 I 大阴线分时图表现 1

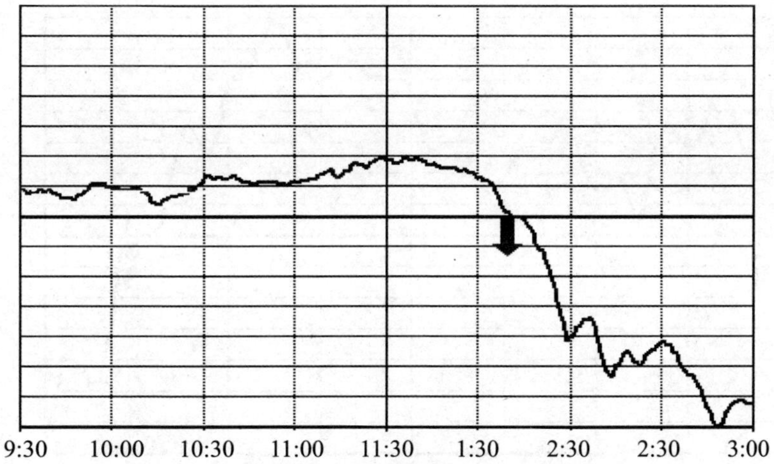

图 5-4 类型 I 大阴线分时图表现 2

由图 5-5 可知，标识的箭头位置为确认卖出点。

由图 5-6 可知，标识的箭头位置为确认卖出点，稍微机警的投资者可在 2 点冲高回落时提前卖出。

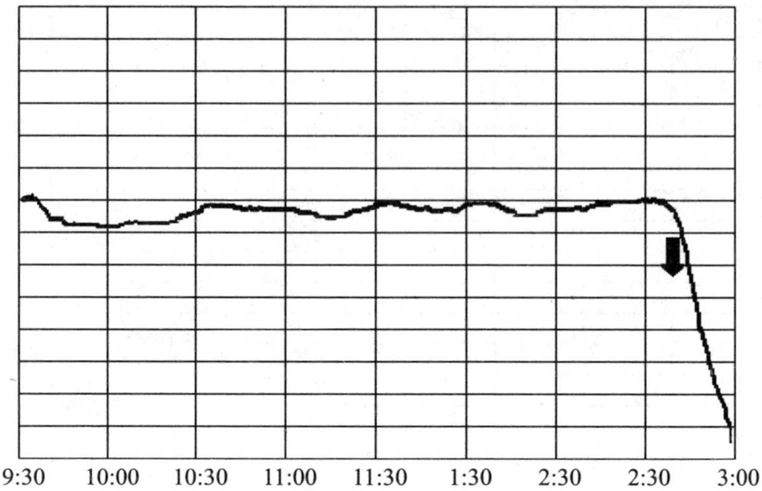

图 5-5　类型 I 大阴线分时图表现 3

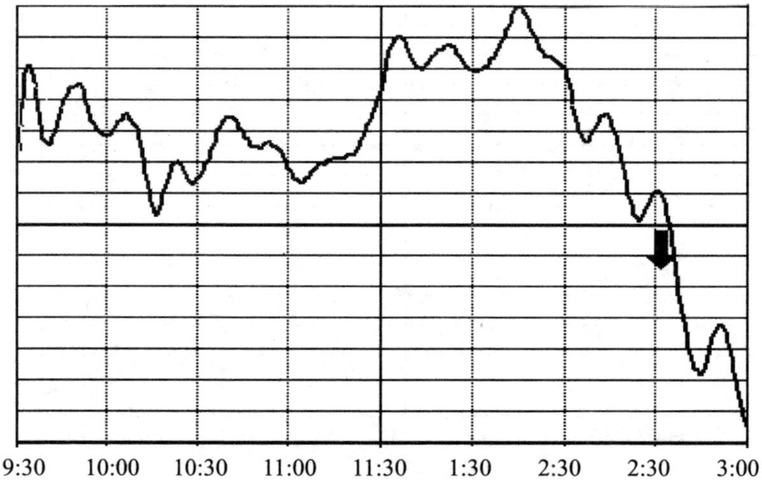

图 5-6　类型 I 大阴线分时图表现 4

由图 5-7 可知，标识的箭头位置为确认卖出点。值得注意的是，该股价在午盘收盘时已破位，因此，当股价在下午冲高突破昨日收盘价后，在跌破昨日收盘价时即为最佳卖出点，警觉的投资者也可在下午一开盘时就卖出。

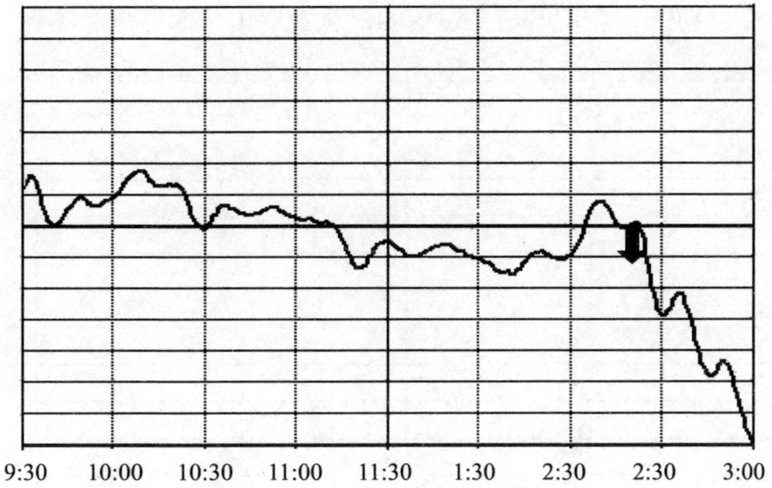

图 5-7　类型 I 大阴线分时图表现 5

由图 5-8 可知，标识的箭头位置为确认卖出点。值得注意的是，该股价在午盘收盘时已破位，因此，当股价在下午冲高突破昨日收盘价后，在跌破昨日收盘价时即为最佳卖出点，警觉的投资者也可在下午一开盘时就卖出。

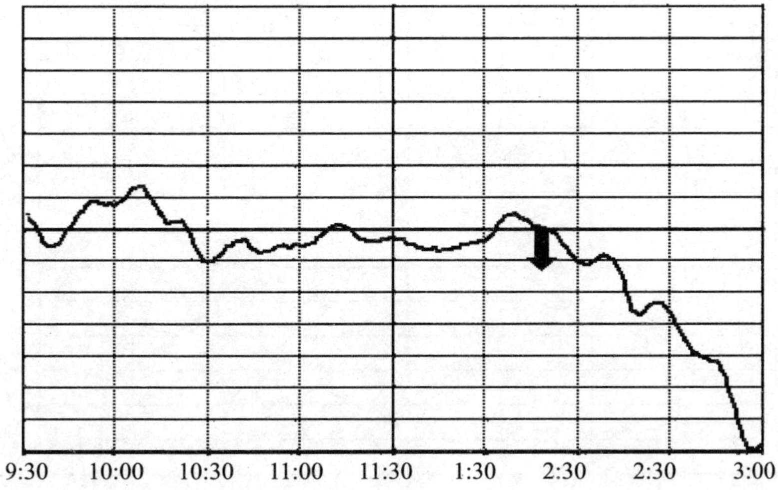

图 5-8　类型 I 大阴线分时图表现 6

由图 5-9 可知，标识的箭头位置为确认卖出点。值得注意的是，该股价在午盘收盘时已破位，因此，当股价在下午冲高突破昨日收盘价后，在跌破昨日收盘价时即为最佳卖出点，警觉的投资者也可在下午一开盘时就卖出。

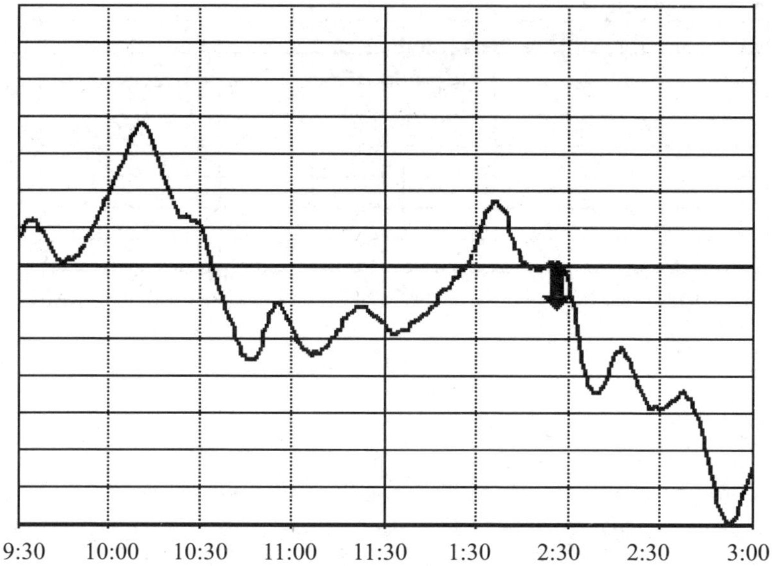

图 5-9　类型 I 大阴线分时图表现 7

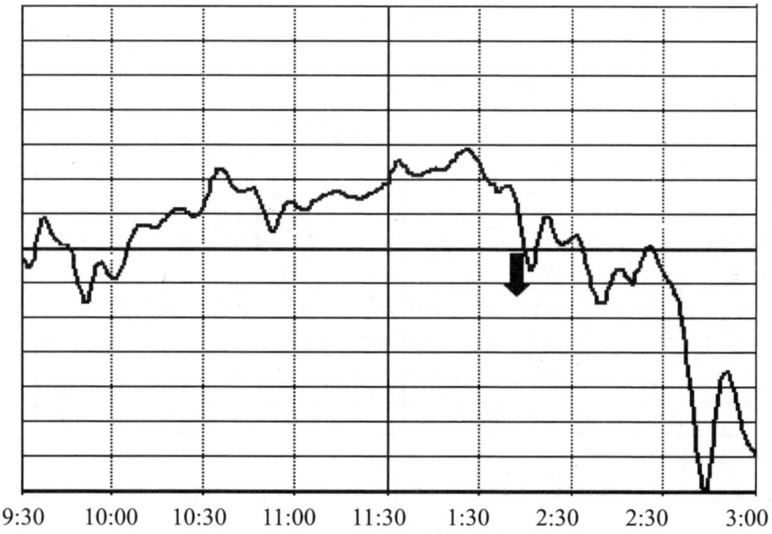

图 5-10　类型 I 大阴线分时图表现 8

由图 5–10 可知，标识的箭头位置为确认卖出点。值得注意的是，该股价在上午一小段时间里破位，而午盘收盘时又高于昨日收盘价，因此，当股价在下午跌破昨日收盘价时即为最佳卖出点。

由图 5–11 可知，标识的箭头位置为确认卖出点。值得注意的是，该股价在上午一小段时间里险些破位，而午盘收盘价高于昨日收盘价，因此，当股价在下午跌破昨日收盘价时即为最佳卖出点。

图 5–11 类型 I 大阴线分时图表现 9

第三节 大阴线风险识别类型 II

该类型大阴线的特点：早盘小幅高开、平开或小幅低开，随后股价向下运行出一个次 W 或 V 形暂时底后，股价开始向上，在 10 点 30 分左右达到或接近昨日收盘价后，又开始掉头向下，午盘收盘时股价低于收盘价，下午开盘后，股价就开始一路下跌。

投资者重点关注的是，如果是早盘小幅高开或平开，当股价再次接近昨日收盘价时，即可卖掉手中筹码；如果是早盘低开，当股价再次接近开盘价时，即可卖掉手中筹码。

类型Ⅱ大阴线标准分时图，如图 5–12 所示。

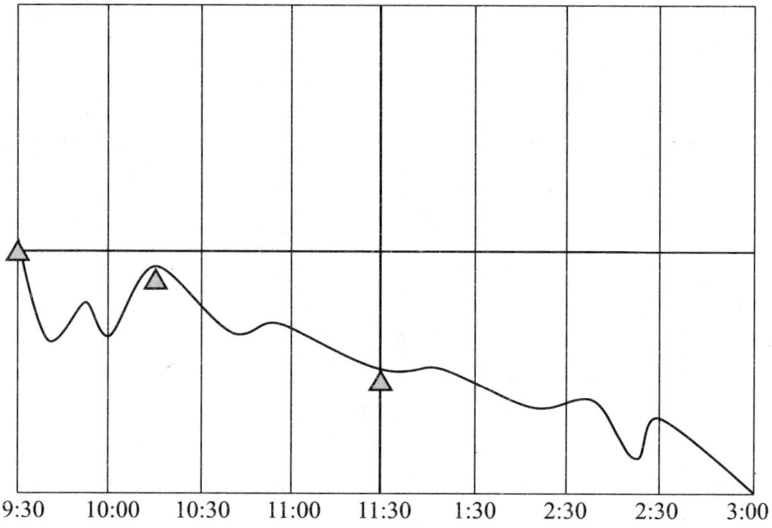

图 5–12　大阴线分时图类型Ⅱ

图 5–12 中，三角形为投资者应当重视的时间点，曲线为当日股价走势。由图 5–12 可知，该标准走势是早盘开盘稍稍高开后，在 10 点 15 分左右股价接近到昨日收盘价，图中的三角形已标注，此时是投资者的最佳卖点。如果投资者没有来得及出手的话，在中午休盘前的任何一个点都可以卖掉，因为该走势午盘收盘价一般都是上午的最低价。

类型Ⅱ大阴线分时图在真实股市中的演绎如下所示。

由图 5–13 可知，早盘小幅高开，标识的箭头位置为最佳卖出点，10 点 30 分形成的是次 W 底。

由图 5–14 可知，早盘平开，标识的箭头位置为最佳卖出点，10 点 30 分形成的是次 W 底。

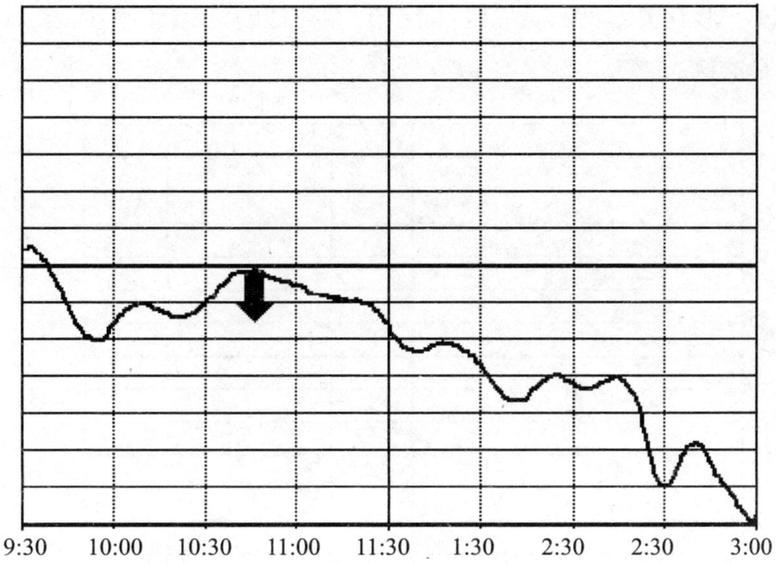

图 5-13　类型 Ⅱ 大阴线分时图表现 1

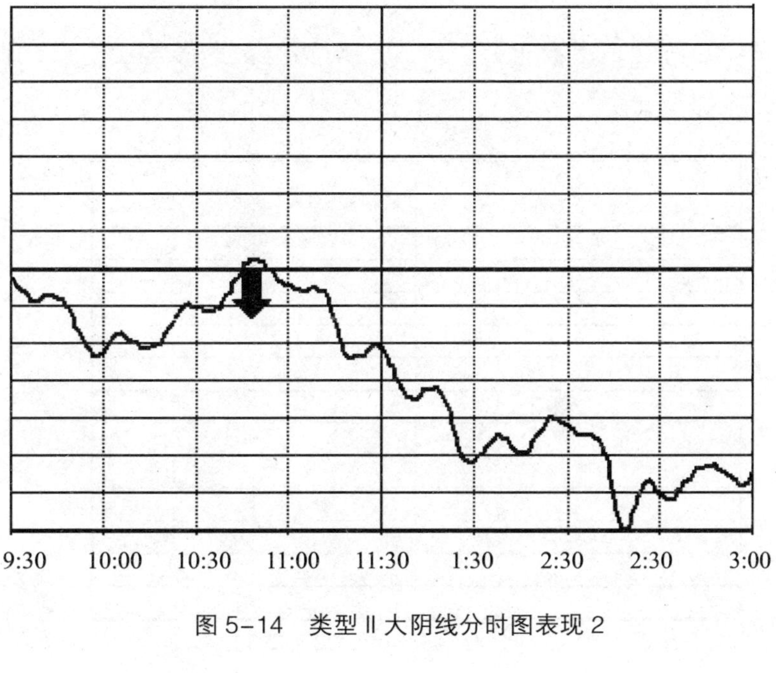

图 5-14　类型 Ⅱ 大阴线分时图表现 2

由图 5–15 可知，早盘平开，标识的箭头位置为最佳卖出点，10 点 30 分形成的是次缓 V 底。

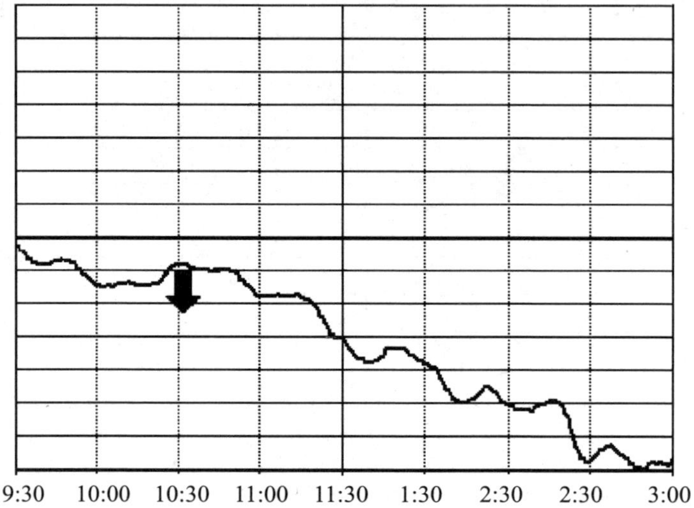

图 5–15 类型 II 大阴线分时图表现 3

由图 5–16 可知，早盘平开，标识的箭头位置为最佳卖出点，10 点 30 分形成的是次缓 V 底。

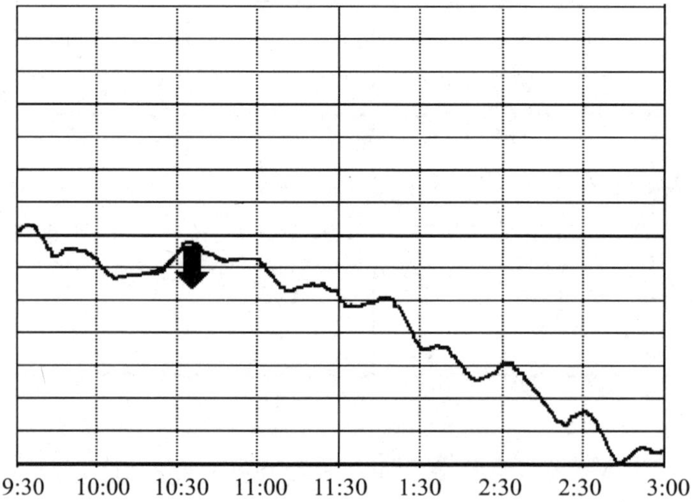

图 5–16 类型 II 大阴线分时图表现 4

由图 5–17 可知，早盘低开，标识的箭头位置为最佳卖出点，10 点 30 分形成次 W 底，且股价接近开盘价。

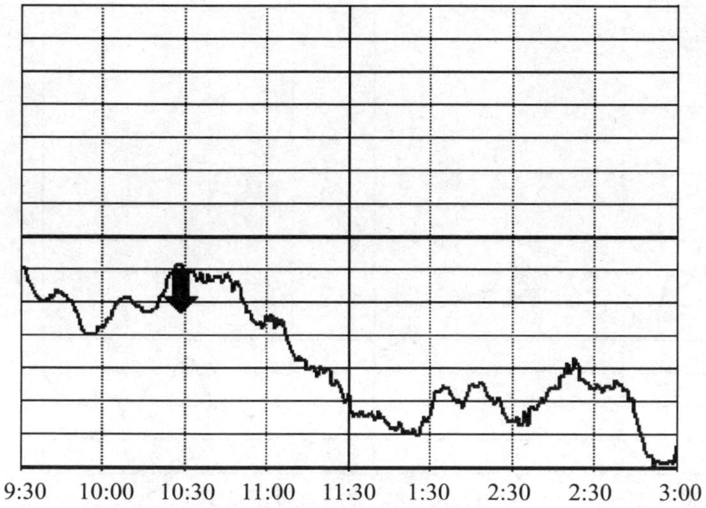

图 5–17　类型 Ⅱ 大阴线分时图表现 5

由图 5–18 可知，早盘低开，标识的箭头位置为最佳卖出点，10 点 30 分形成次 W 底，且股价接近开盘价。

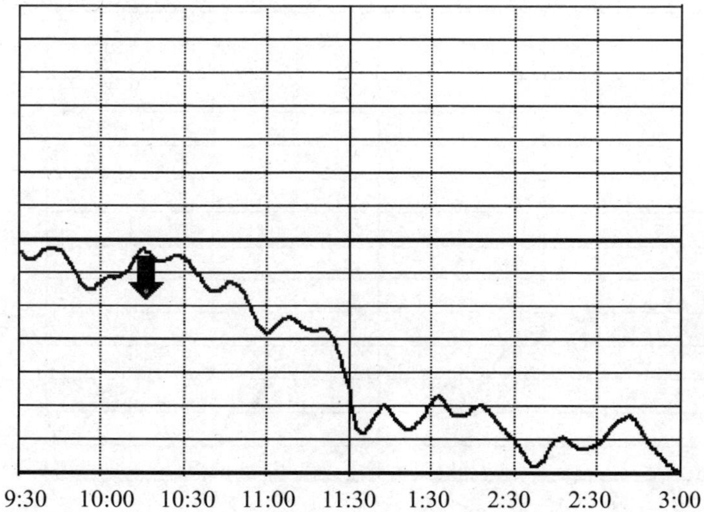

图 5–18　类型 Ⅱ 大阴线分时图表现 6

由图 5–19 可知，早盘小幅高开，标识的箭头位置为最佳卖出点，10 点 30 分形成 W 底。

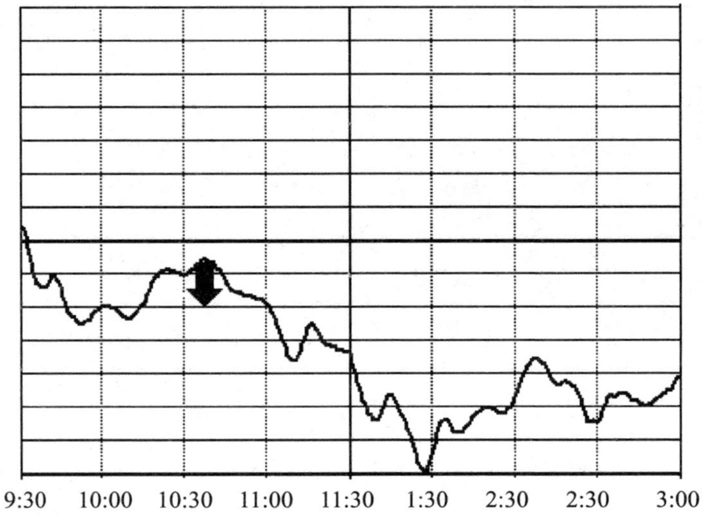

图 5–19　类型 II 大阴线分时图表现 7

由图 5–20 可知，早盘小幅低开，标识的箭头位置为最佳卖出点，10 点 30 分之前形成 V 底，且股价接近开盘价。

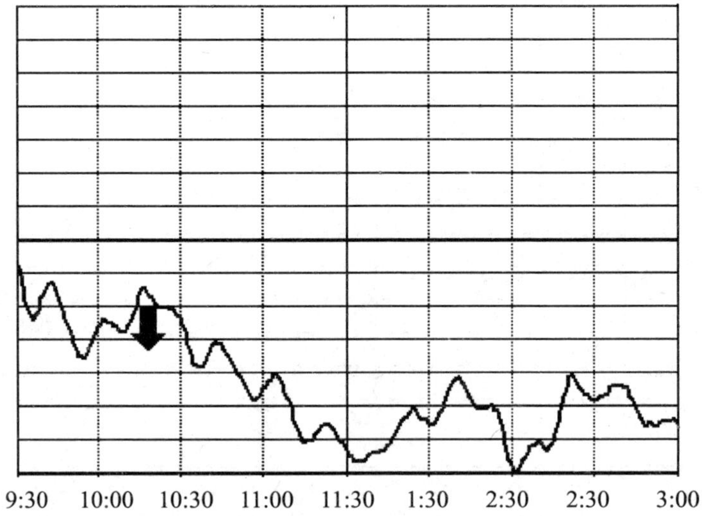

图 5–20　类型 II 大阴线分时图表现 8

由图 5-21 可知，早盘平开，标识的箭头位置为最佳卖出点，10 点 30 分形成 W 底，且股价接近昨日收盘价。

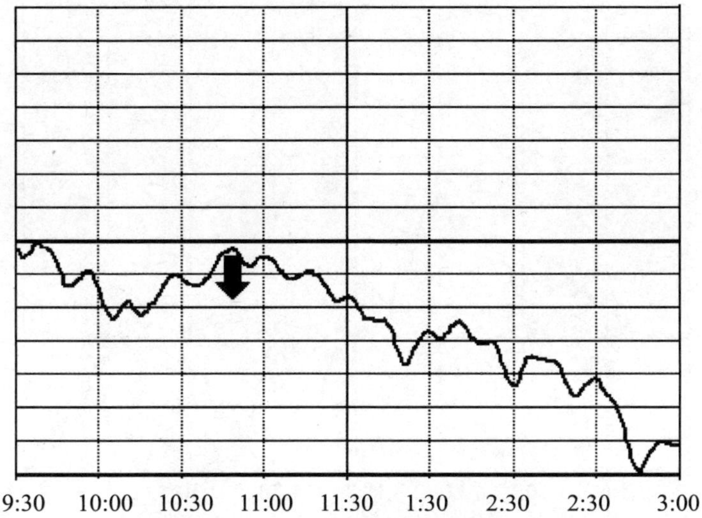

图 5-21　类型 II 大阴线分时图表现 9

由图 5-22 可知，早盘大幅低开，标识的箭头位置为最佳卖出点，10 点 30 分形成 W 底，且股价接近开盘价。

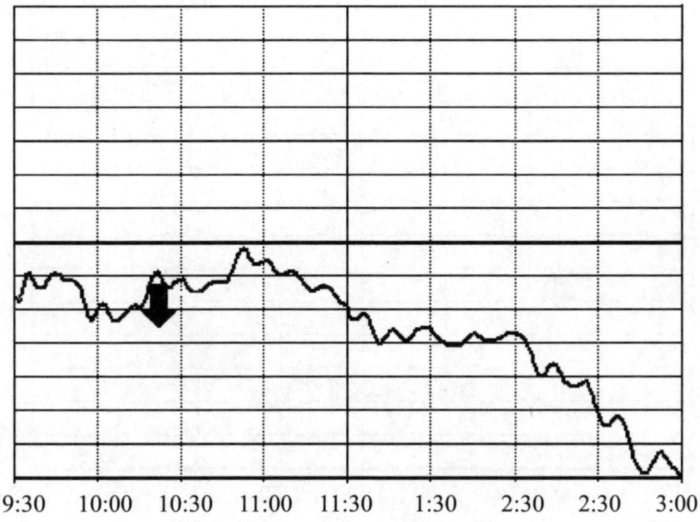

图 5-22　类型 II 大阴线分时图表现 10

由图 5-23 可知，早盘平开，标识的箭头位置为最佳卖出点，10 点 30 分之前形成 V 底，且股价接近昨日收盘价。

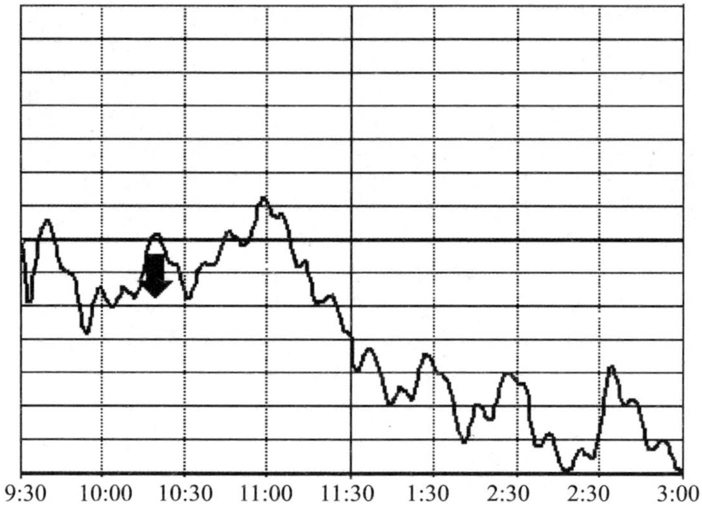

图 5-23　类型 II 大阴线分时图表现 11

由图 5-24 可知，早盘大幅低开，标识的箭头位置为最佳卖出点，10 点 30 分形成 V 底，且股价接近开盘价。

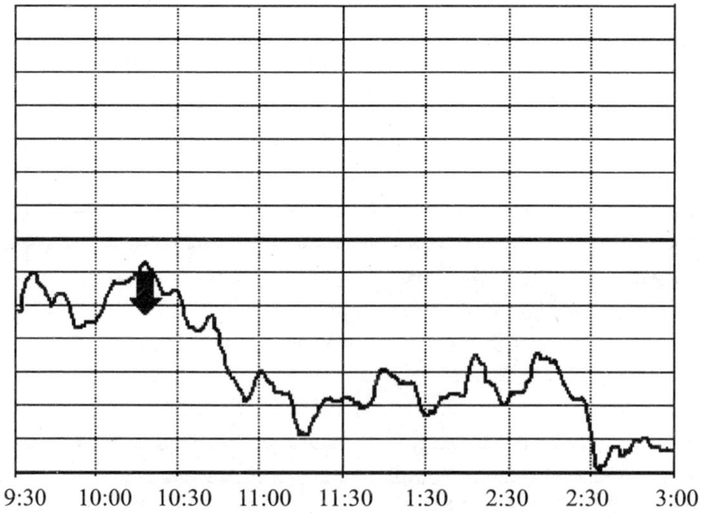

图 5-24　类型 II 大阴线分时图表现 12

由图 5-25 可知，早盘低开，标识的箭头位置为最佳卖出点，10 点 30 分形成次 W 底，且股价接近开盘价。

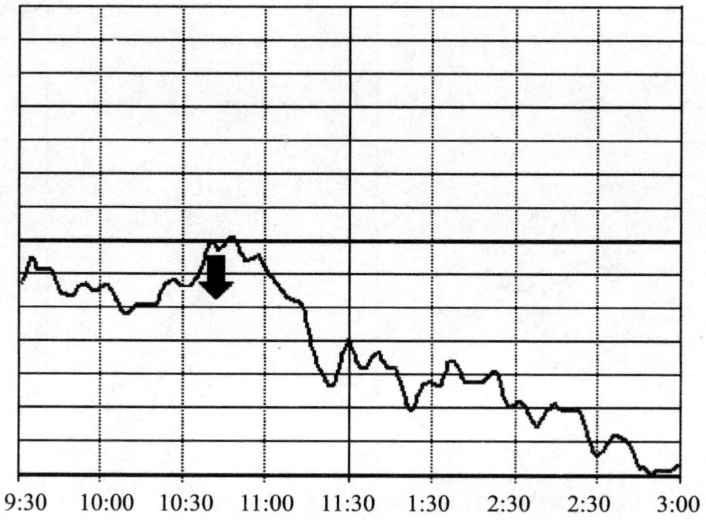

图 5-25　类型 Ⅱ 大阴线分时图表现 13

由图 5-26 可知，早盘低开，标识的箭头位置为最佳卖出点，10 点 30 分之前形成 W 底，且股价接近开盘价。

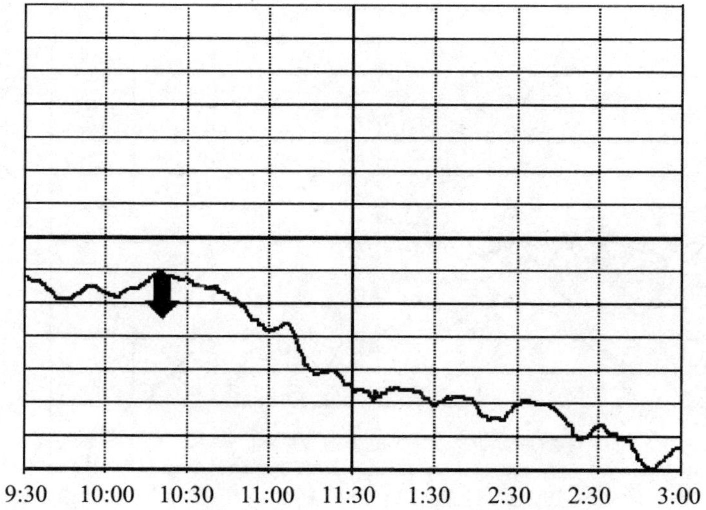

图 5-26　类型 Ⅱ 大阴线分时图表现 14

由图 5-27 可知，早盘平开，标识的箭头位置为最佳卖出点，10 点 10 分形成次 W 底，且股价达到昨日收盘价。

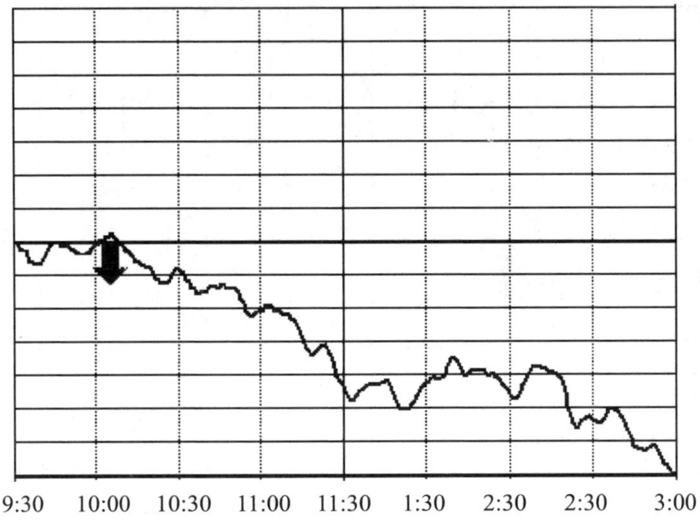

图 5-27　类型 II 大阴线分时图表现 15

由图 5-28 可知，早盘平开，标识的箭头位置为最佳卖出点，10 点 10 分形成 W 底，且股价达到昨日收盘价。

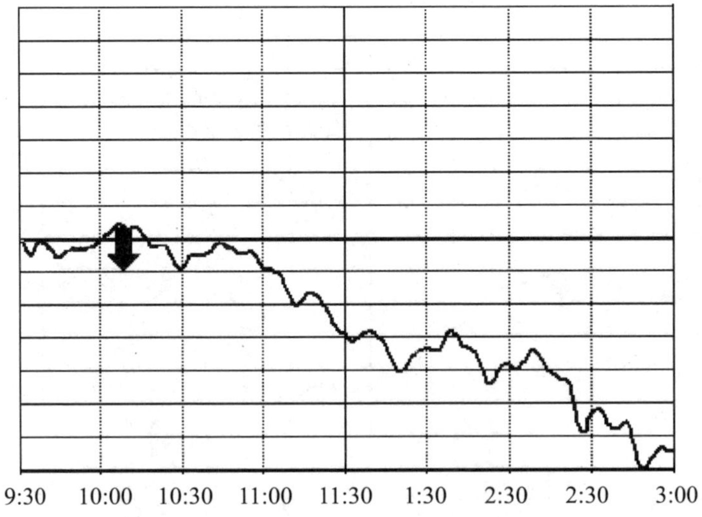

图 5-28　类型 II 大阴线分时图表现 16

由图 5–29 可知，早盘小幅低开，标识的箭头位置为最佳卖出点，10 点 30 分形成 V 底，且股价接近开盘价。

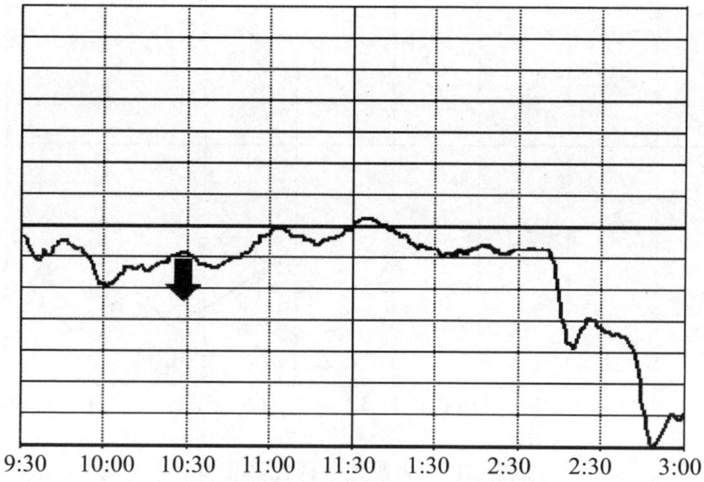

图 5–29　类型Ⅱ大阴线分时图表现 17

第四节　大阴线风险识别类型Ⅲ

该类型大阴线特点：早盘可以小幅高开或平开或小幅低开，全天走势呈现出的都是一种无抵抗式下跌。投资者识别起来有难度，需要经验。10 点 30 分左右为确认卖出点，其标准分时图如图 5–30 所示。

图 5–30 中，三角形为投资者应当重视的时间点，曲线为当日股价走势。由图 5–30 可知，该标准走势是早盘开盘稍稍高开后，在 10 点 15 分左右股价下跌或小幅上冲，当股价再次转向下跌时，图中标注的三角形是投资者的最佳卖点。

类型Ⅱ大阴线分时图在真实股市中的演绎如下所示。

由图 5–31 可知，早盘小幅高开，在 9 点 50 分开始止跌，而后向上弱冲高回落，标识的箭头位置为确认卖点。

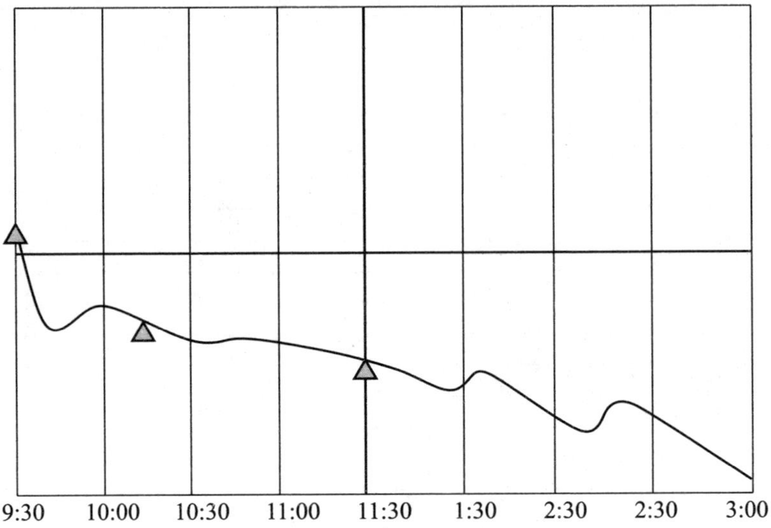

图 5-30　大阴线分时图类型Ⅲ

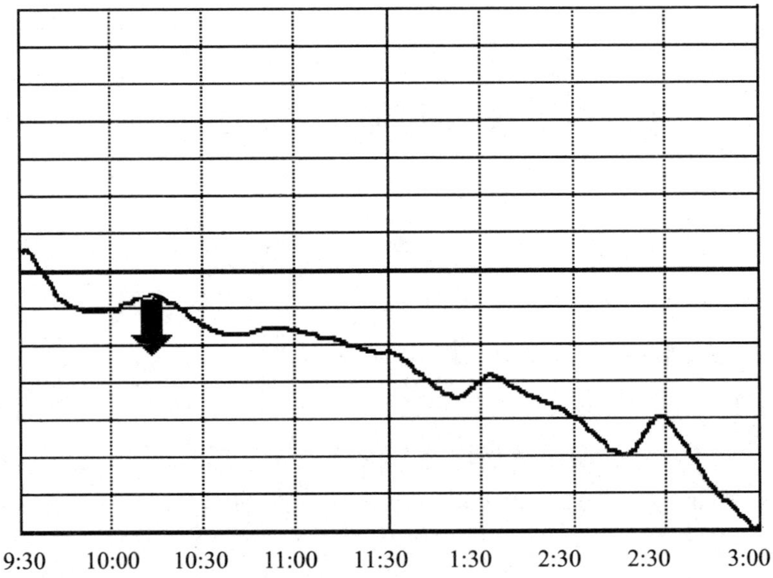

图 5-31　类型Ⅲ大阴线分时图表现 1

由图 5–32 可知，早盘小幅高开，在 9 点 45 分开始止跌，而后向上弱冲高回落，标识的箭头位置为确认卖点。

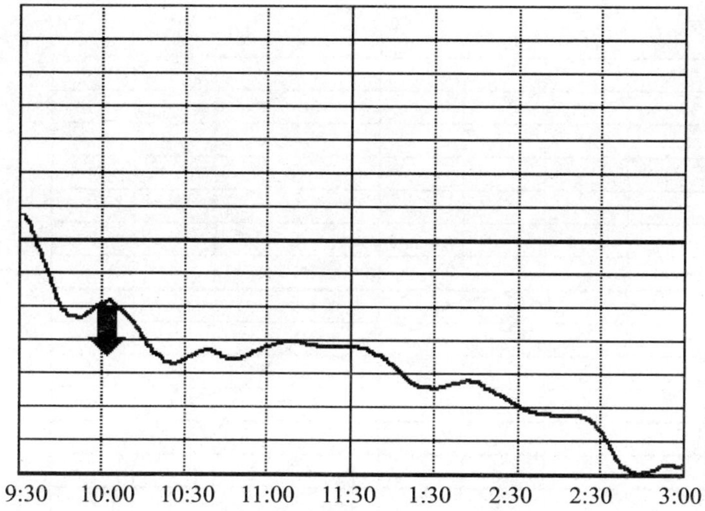

图 5–32　类型 Ⅲ 大阴线分时图表现 2

由图 5–33 可知，早盘小幅高开，在 9 点 45 分开始止跌，而后向上弱冲高回落，当 10 点 15 分再次下跌时，标识的箭头位置为确认卖点。

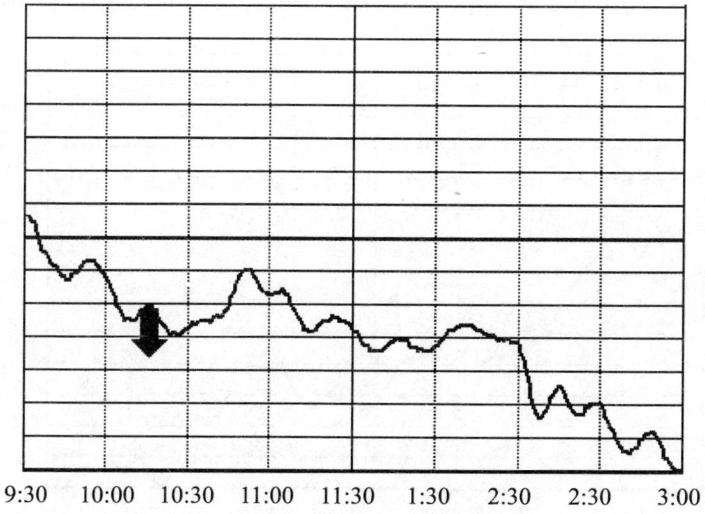

图 5–33　类型 Ⅲ 大阴线分时图表现 3

由图 5-34 可知，早盘平开，而后在收盘线上小幅横盘后，在 10 点 25 分左右开始下破昨日收盘价，当股价再次接近昨日收盘价时，标识的箭头位置为确认卖点。

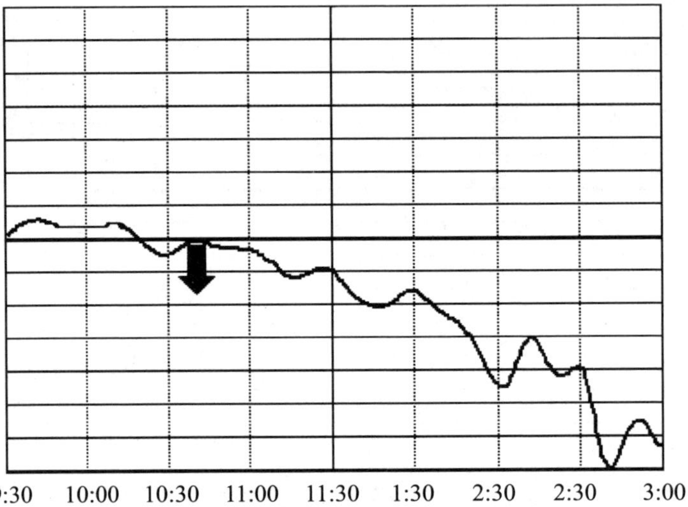

图 5-34 类型Ⅲ大阴线分时图表现 4

由图 5-35 可知，早盘大幅高开，10 点 10 分开始跌破昨日收盘价，破位后止跌或小幅冲高点即为 10 点 15 分再次下跌时，标识的箭头位置为确认卖点。

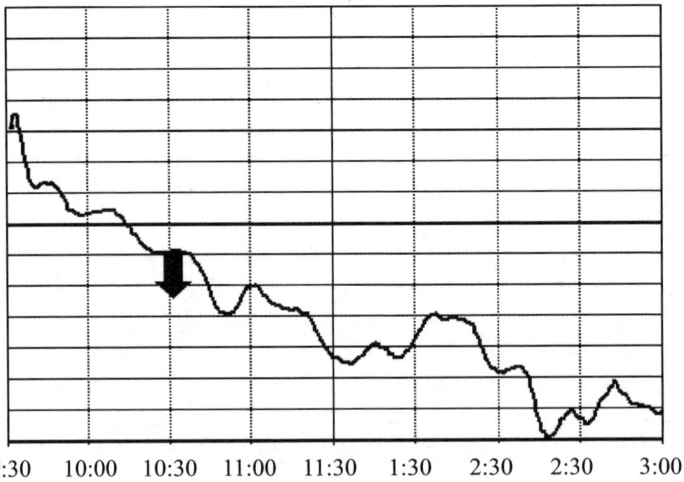

图 5-35 类型Ⅲ大阴线分时图表现 5

由图 5-36 可知，早盘小幅高开，在 10 点跌破昨日收盘价，而后向上弱冲高回落，标识的箭头位置为确认卖点。

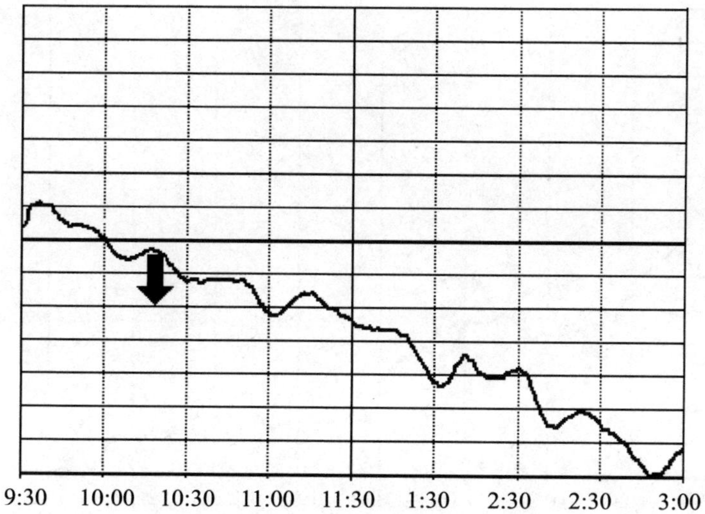

图 5-36 类型Ⅲ大阴线分时图表现 6

由图 5-37 可知，早盘小幅高开，在 10 点跌破昨日收盘价，而后向上弱冲高回落，标识的箭头位置为确认卖点。

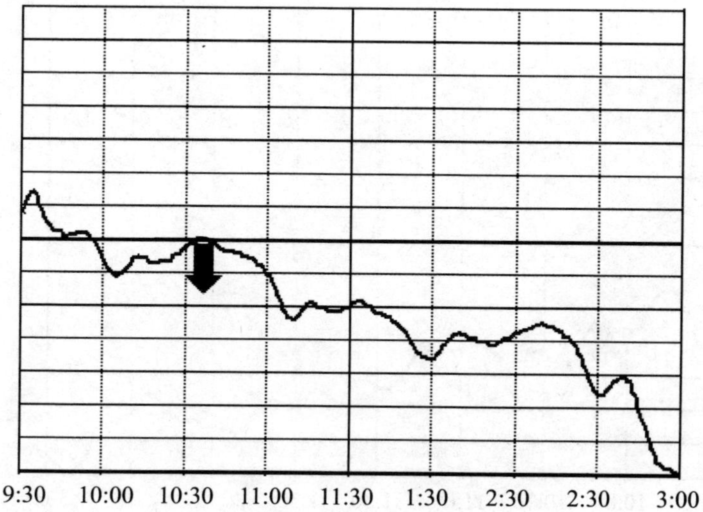

图 5-37 类型Ⅲ大阴线分时图表现 7

由图 5-38 可知，早盘小幅低开，在 9 点 45 分冲高接近昨日收盘价，而后开始转向下跌，在 10 点 15 分止跌震荡，标识的箭头位置为确认卖点。

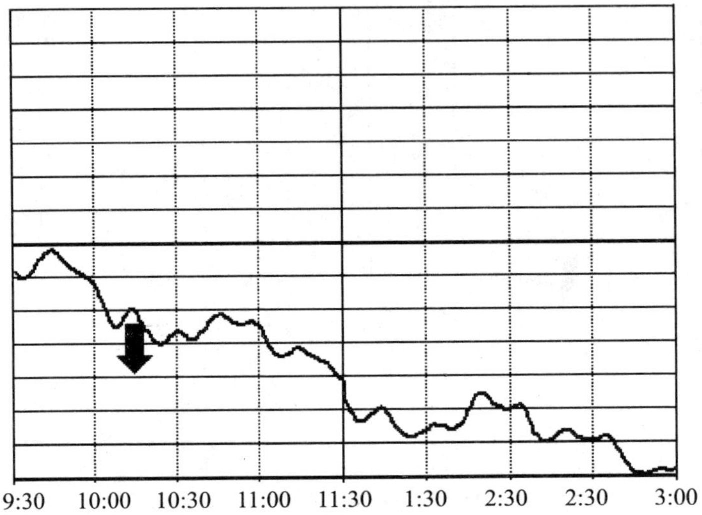

图 5-38　类型 Ⅲ 大阴线分时图表现 8

由图 5-39 可知，早盘小幅低开，随后开始下跌，在 10 点止跌微弱冲高后，继续下跌，标识的箭头位置为确认卖点。

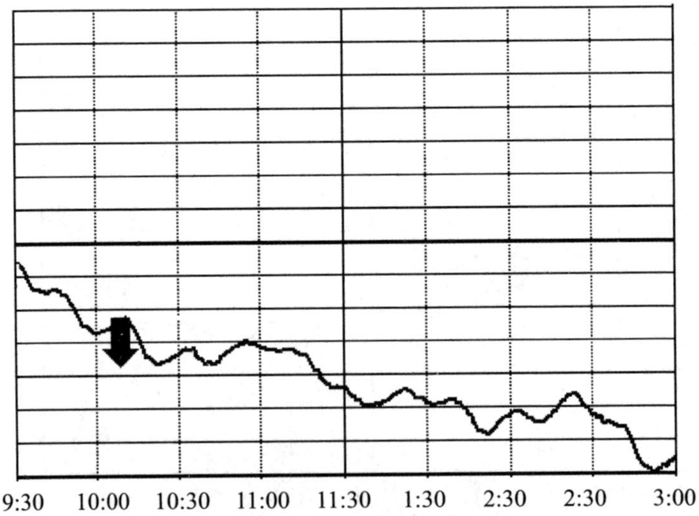

图 5-39　类型 Ⅲ 大阴线分时图表现 9

由图 5-40 可知，早盘小幅低开，随后开始下跌，在 10 点止跌微弱冲高后，继续下跌，标识的箭头位置为确认卖点。

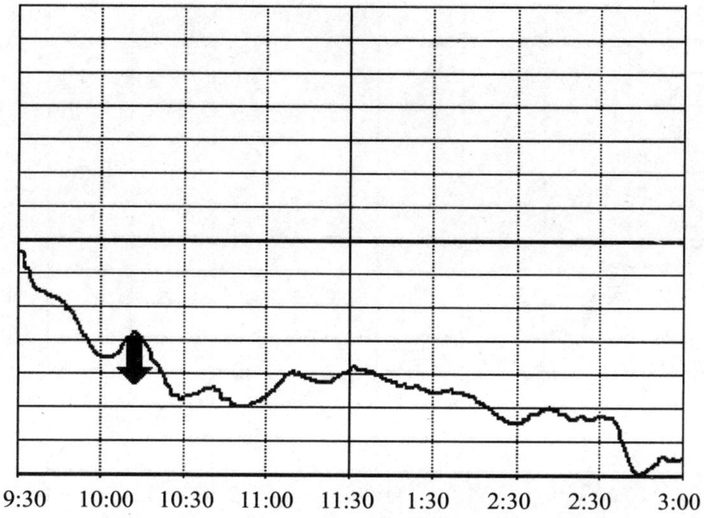

图 5-40　类型Ⅲ大阴线分时图表现 10

由图 5-41 可知，早盘小幅低开，随后开始下跌，在 9 点 50 分止跌震荡，10 点 20 分又微弱冲高，可见力度不强，标识的箭头位置为确认卖点。

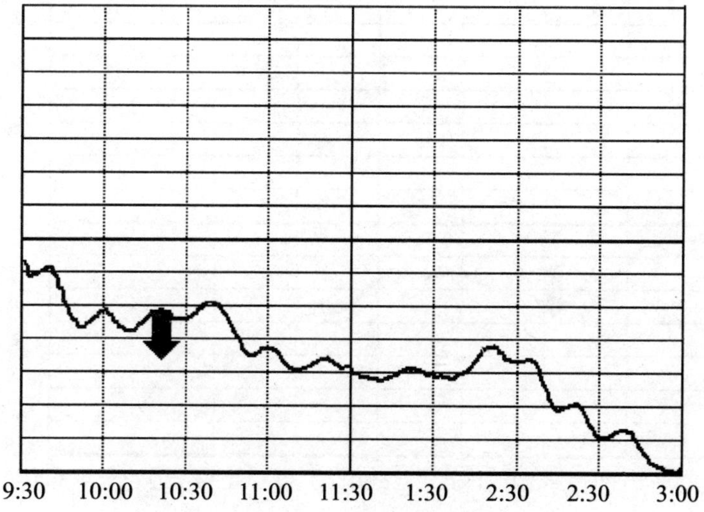

图 5-41　类型Ⅲ大阴线分时图表现 11

由图 5-42 可知，早盘平开，随后开始下跌，在 10 点转向继续下跌，标识的箭头位置为确认卖点。

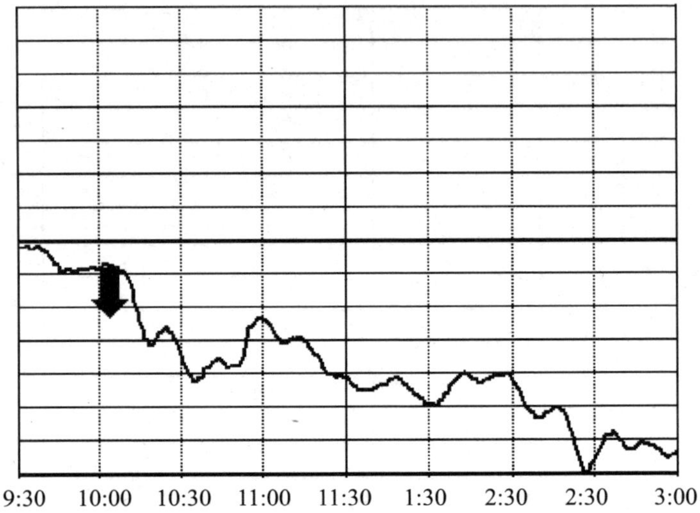

图 5-42　类型Ⅲ大阴线分时图表现 12

由图 5-43 可知，早盘平开，随后开始震荡下跌，在 10 点 30 分又转向继续下跌，标识的箭头位置为确认卖点。

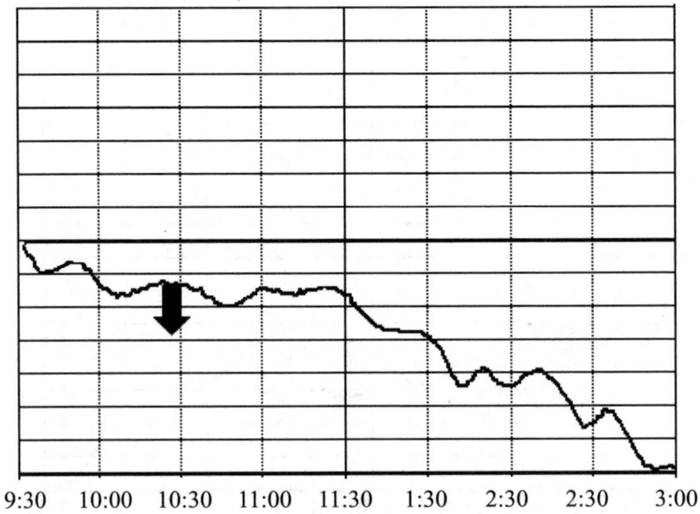

图 5-43　类型Ⅲ大阴线分时图表现 13

由图 5-44 可知，早盘小幅低开，随后开始下跌，在 9 点 50 分止跌震荡，10 点 20 分又微弱冲高，力度不强，标识的箭头位置为确认卖点。

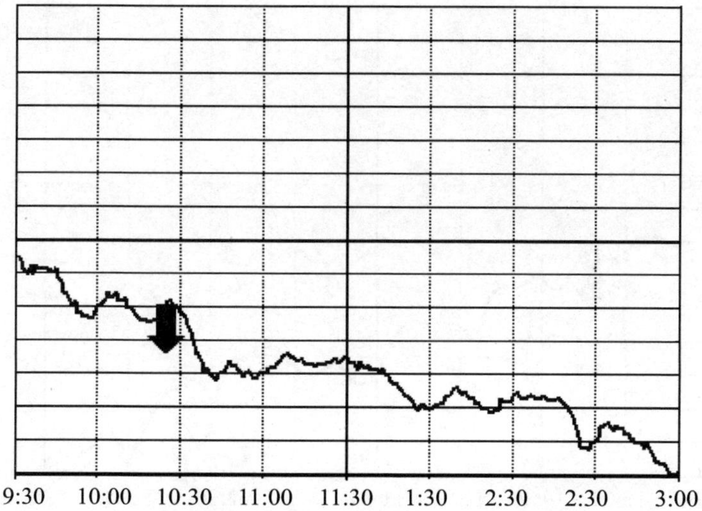

图 5-44　类型Ⅲ大阴线分时图表现 14

由图 5-45 可知，早盘小幅低开，随后开始下跌，在 10 点止跌向上小幅冲高后震荡，10 点 30 分掉头向下，标识的箭头位置为确认卖点。

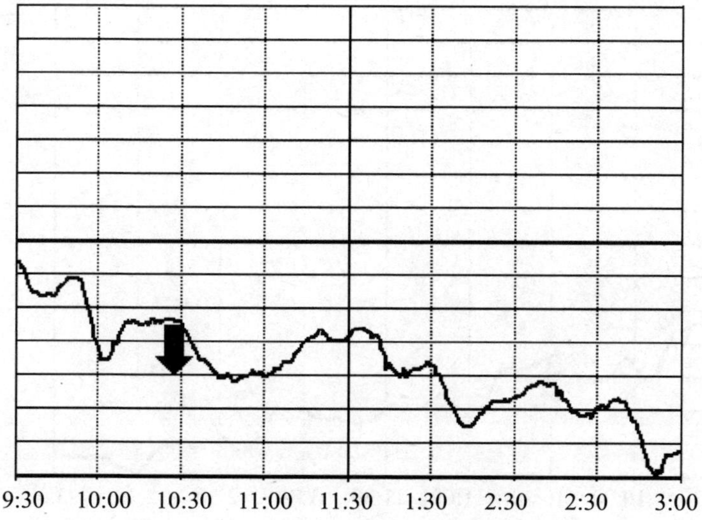

图 5-45　类型Ⅲ大阴线分时图表现 15

由图5-46可知，早盘平开，而后以收盘线小幅震荡后，在10点25分左右开始继续下跌，标识的箭头位置为确认卖点。

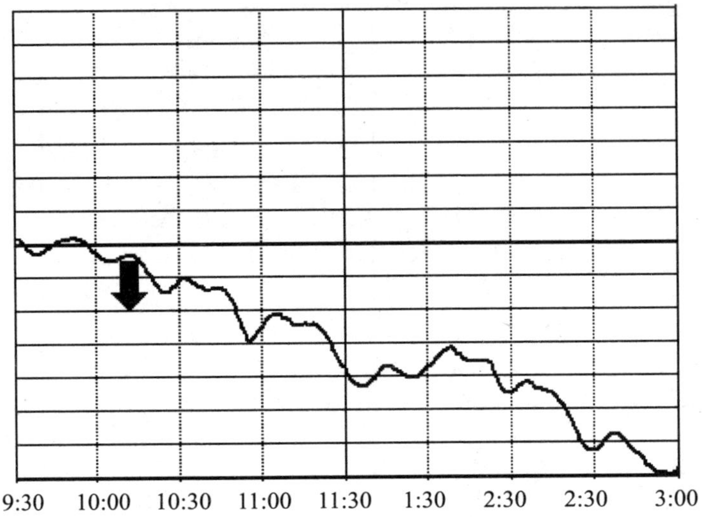

图5-46　类型Ⅲ大阴线分时图表现16

由图5-47可知，早盘小幅低开，随后开始下跌，在9点50分止跌震荡，10点20分又微弱冲高，力度不强，标识的箭头位置为确认卖点。

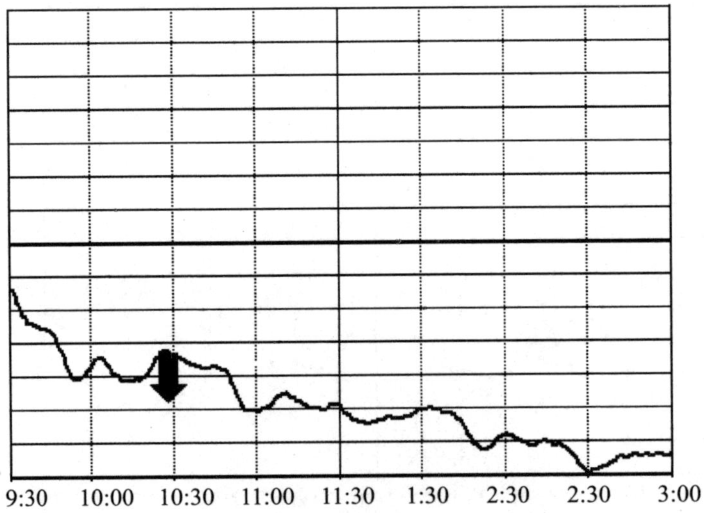

图5-47　类型Ⅲ大阴线分时图表现17

由图 5-48 可知，早盘平开，随后开始小幅震荡下跌，10 点 20 分又开始下跌，标识的箭头位置为确认卖点。

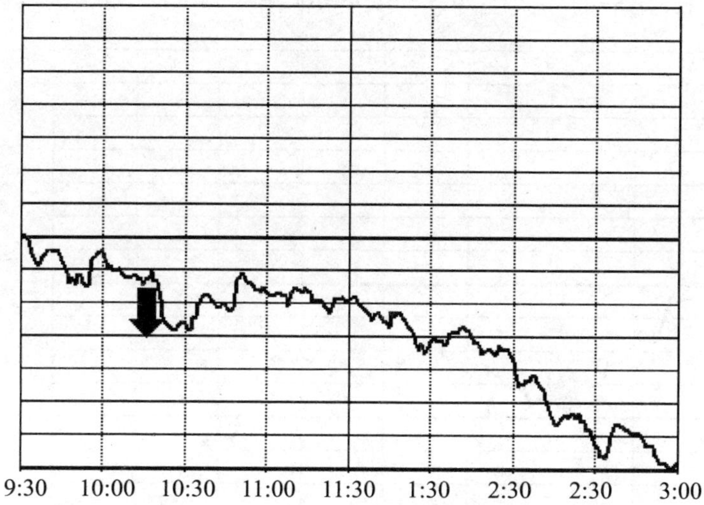

图 5-48　类型Ⅲ大阴线分时图表现 18

由图 5-49 可知，早盘平开，随后开始深度下跌，10 点 30 分止跌震荡，但也是最好的卖出机会，标识的箭头位置为确认卖点。

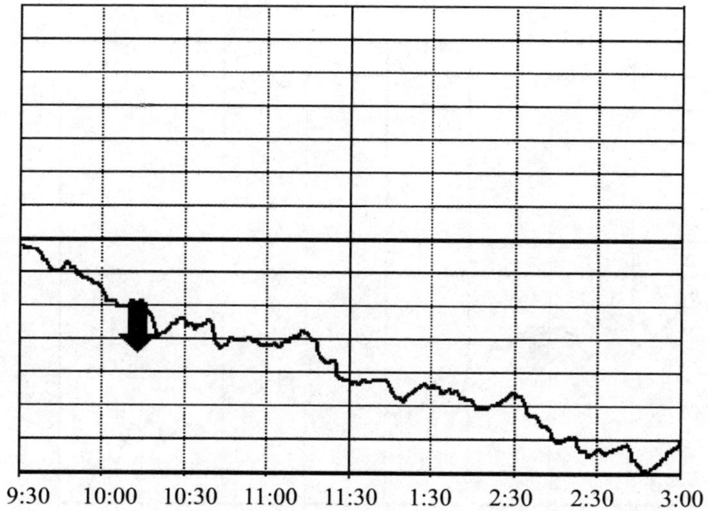

图 5-49　类型Ⅲ大阴线分时图表现 19

由图 5–50 可知，早盘小幅高开，随后开始破位下跌，10 点 20 分又微弱冲高，力度不强，标识的箭头位置为确认卖点。虽然在 11 点又冲高过，但在实践操作时，第一时间出逃为佳，不要马后炮。

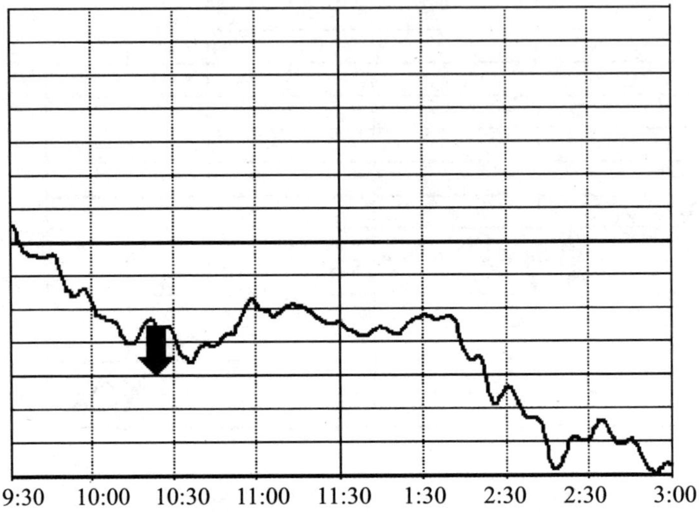

图 5–50　类型 Ⅲ 大阴线分时图表现 20

由图 5–51 可知，早盘小幅低开，随后开始小幅震荡下跌，10 点 30 分又开始下跌，标识的箭头位置为确认卖点。

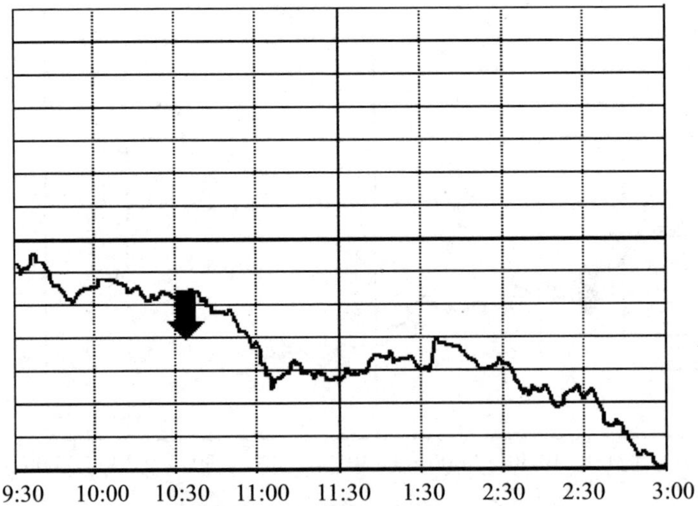

图 5–51　类型 Ⅲ 大阴线分时图表现 21

由图 5-52 可知，早盘低开，随后开始小幅上冲，10 点 08 分又开始下跌走弱，标识的箭头位置为确认卖点。

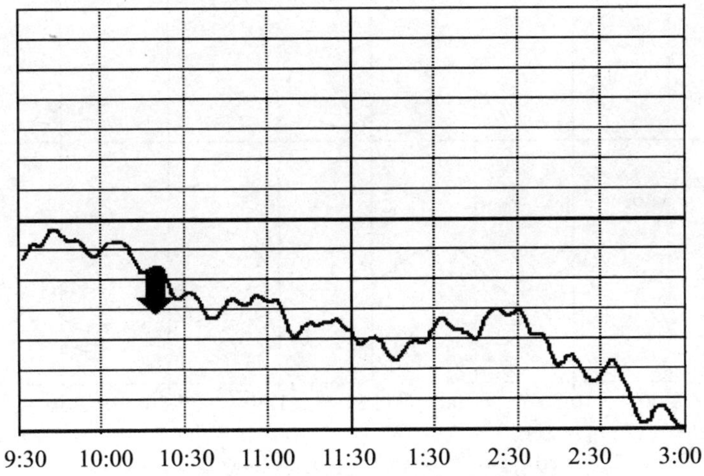

图 5-52 类型Ⅲ大阴线分时图表现 22

第五节 大阴线风险识别类型Ⅳ

该类型大阴线又分为两种类型，其特点是：当小幅高开或平开后，股价便一路下跌狂奔，直到 10 点 30 分后才止跌，然后呈现抵抗式震荡，早盘没有判断出来的投资者可在抵抗式震荡中找个高点卖出即可。当早盘大幅低开后，股价顺势一路向下，但最晚不超过 10 点就开始反弹冲高，之后便震荡下跌，其标准分时图，如图 5-53 和 5-54 所示。

图 5-53 中，三角形为投资者应当重视的时间点，曲线为当日股价走势。由图 5-53 可知，该标准走势是开盘稍稍高开后便下跌，在 9 点 50 分左右股价下跌趋缓，图中的三角形已标注，是投资者的最佳卖点。没有来得及卖出的投资者，千万不要在下跌最厉害的时候卖，卖个最低价，应该在止跌后找一个高点卖出即可。

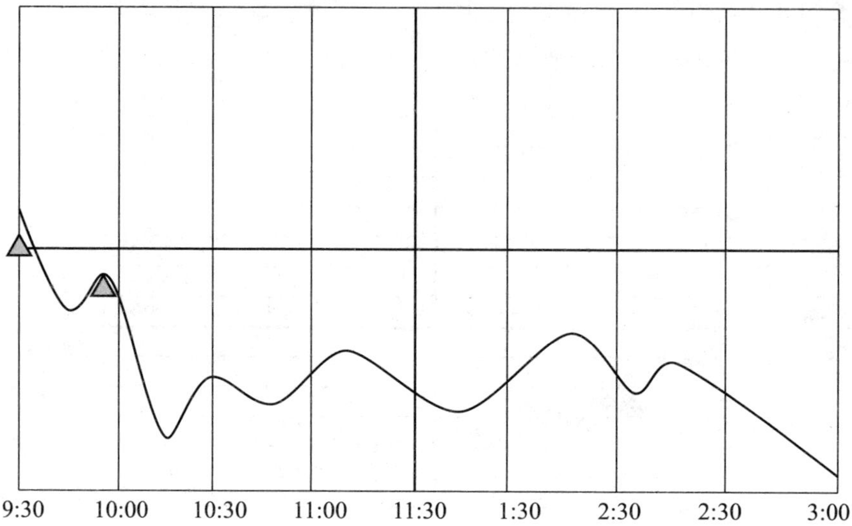

图 5-53　大阴线分时图类型Ⅳ之一

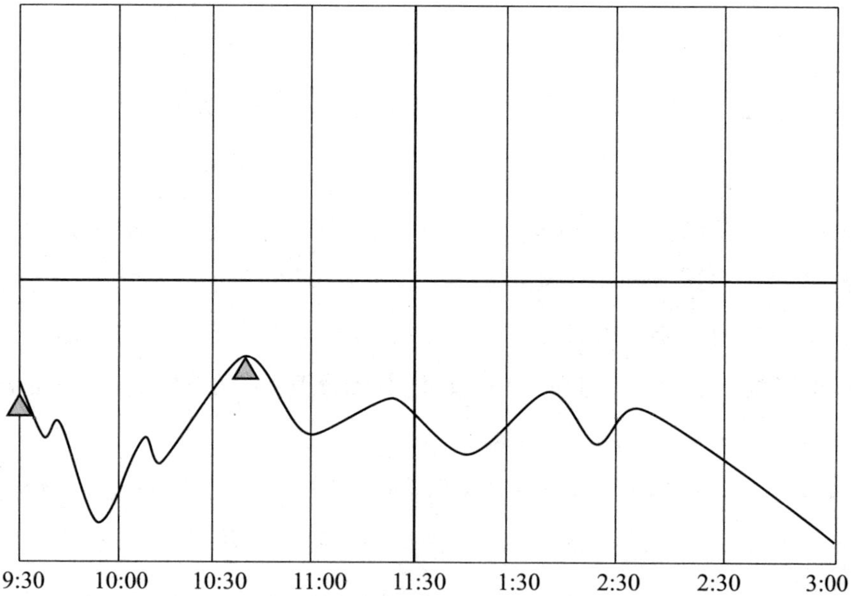

图 5-54　大阴线分时图类型Ⅳ之二

类型Ⅳ之一大阴线分时图在真实股市中的演绎，如图 5–55、图 5–56 和图 5–57 所示。

图 5–54 中，三角形为投资者应当重视的时间点，曲线为当日股价走势。由图 5–54 可知，该标准走势是开盘大幅低开，在 9 点 50 分左右股价止跌后开始强劲反弹，当股价接近开盘点位，图中的三角形已标注，为确认卖点。投资者千万不要在开盘猛烈下跌时卖出，卖个最低价，因为在止跌后便有大幅反弹。

类型Ⅳ大阴线之二分时图在真实股市中的演绎，如图 5–58、图 5–59、图 5–60 和图 5–61 所示。

由图 5–55 可知，早盘小幅高开，随后开始大幅向下，10 点 05 分又开始下跌，标识的箭头位置为确认卖点。

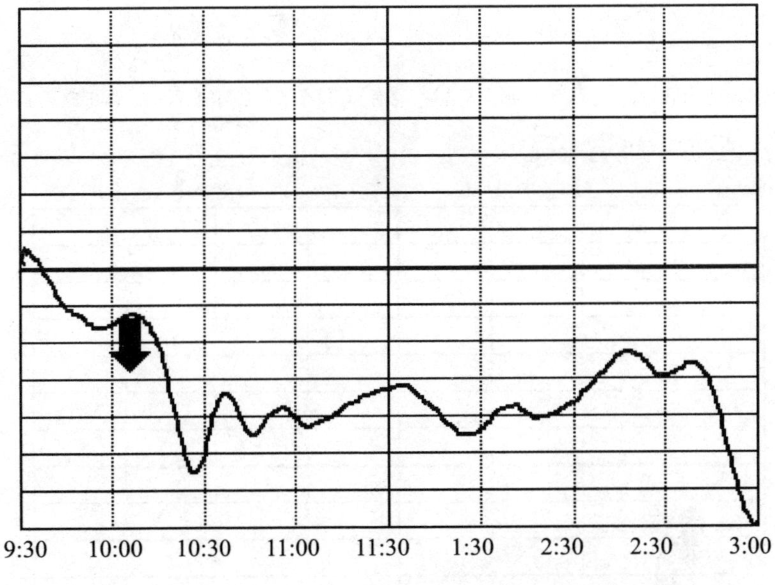

图 5–55　类型Ⅳ之一大阴线分时图表现 1

由图 5–56 可知，早盘平开，随后开始大幅向下，10 点 05 分又开始下跌，标识的箭头位置为确认卖点。

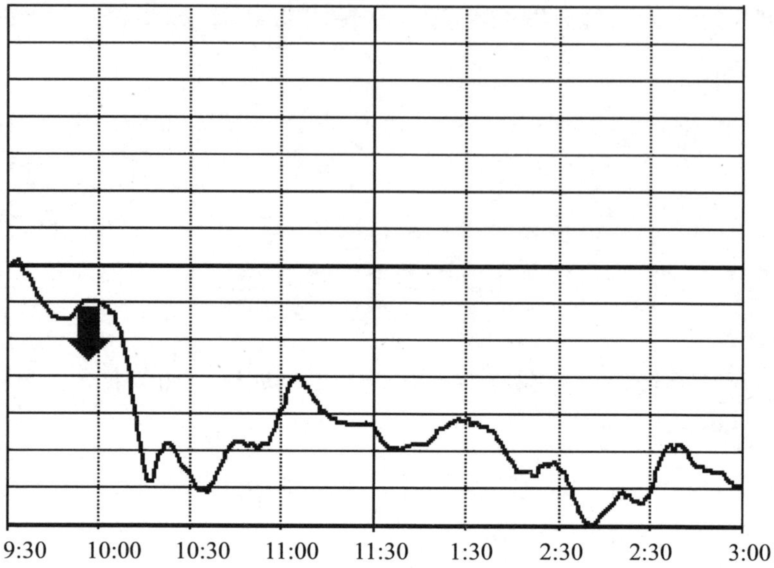

图 5-56　类型Ⅳ之一大阴线分时图表现 2

由图 5-57 可知，早盘小幅高开，随后开始大幅向下，10 点又开始下跌，标识的箭头位置为确认卖点。

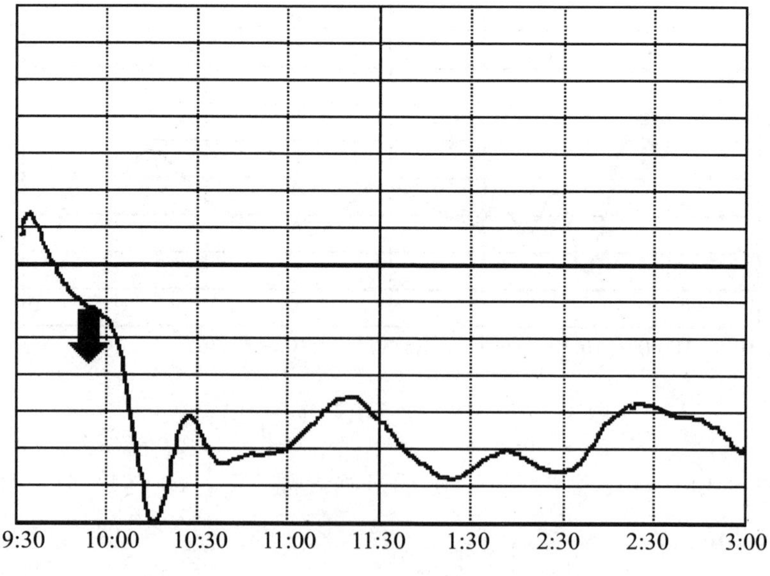

图 5-57　类型Ⅳ之一大阴线分时图表现 3

由图 5-58 可知，早盘大幅低开，随后开始恐慌性下跌，10 点 05 分开始向上止跌，然后开始大幅度反弹，标识的箭头位置为确认卖点。

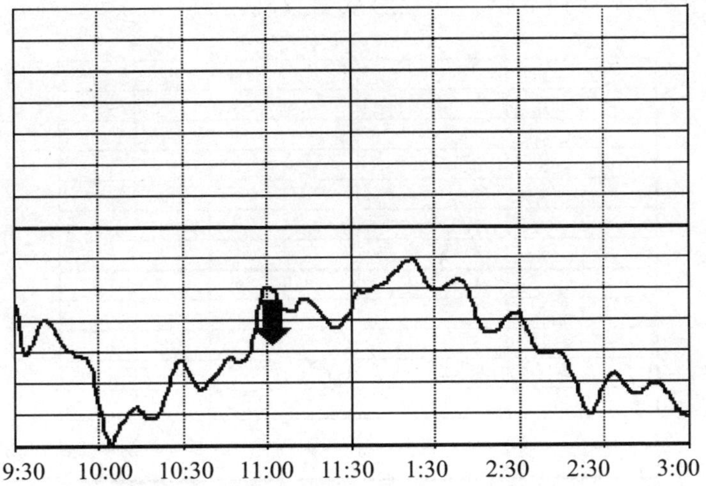

图 5-58　类型Ⅳ之二大阴线分时图表现 1

由图 5-59 可知，早盘大幅低开，随后开始恐慌性下跌，10 点 05 分开始向上止跌，然后开始大幅度反弹，标识的箭头位置为确认卖点。

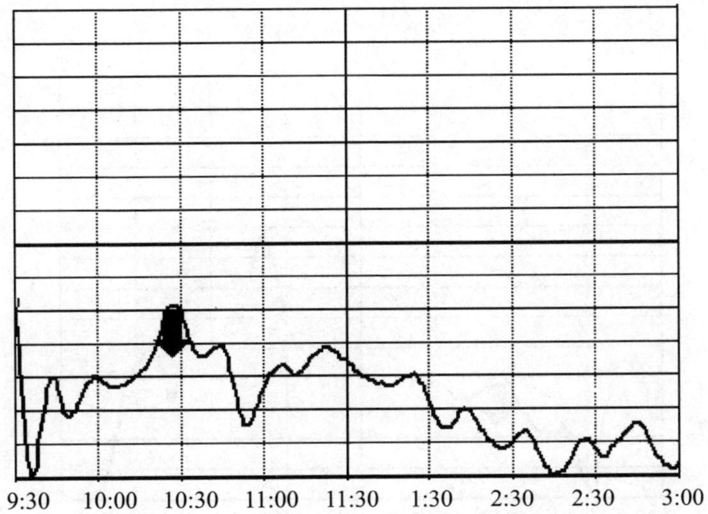

图 5-59　类型Ⅳ之二大阴线分时图表现 2

由图 5-60 可知，早盘大幅低开，随后开始恐慌性下跌，10 点 05 分反弹点位突破开盘点位，标识的箭头位置为确认卖点。尽管在 10 点 45 分又再次冲高，但投资不做马后炮，必须服从卖点规则。

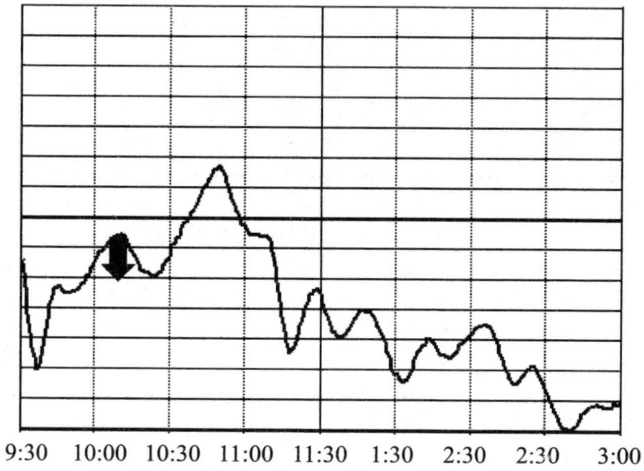

图 5-60　类型Ⅳ之二大阴线分时图表现 3

由图 5-61 可知，早盘大幅低开，随后开始恐慌性下跌，10 点 35 分反弹点位接近开盘点位，标识的箭头位置为确认卖点。尽管在 1 点 45 分又再次冲高，但投资不做马后炮，必须服从卖点规则。

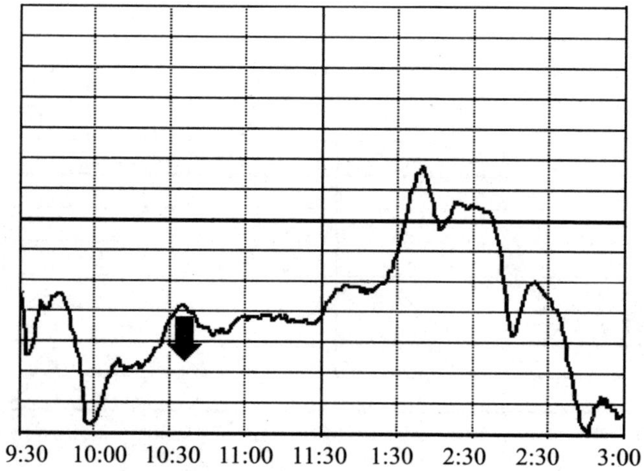

图 5-61　类型Ⅳ之二大阴线分时图表现 4

第六节　大阴线风险识别类型Ⅴ

该类型大阴线特点：早盘低开或小幅高开后到午间收盘时，一上午呈现无抵抗下跌，下午开盘后呈现出止跌后的震荡。该类型大阴线如果是早盘小幅高开，那么当跌破昨日收盘点位时，经验丰富的投资者即可考虑卖出。如果早盘低开后就涌现强大抛盘时，可以跟着抢盘卖出，这都要求投资者有良好的看盘经验和感觉，经验和盘感基础还不好的投资者就只能等到趋势下行的确认点再卖出了。上午没有来得及卖出的投资者，下午也就不必惊慌了，因为下午会有一个反弹高点，在那里卖出即可。

其标准分时图，如图 5–62 所示。

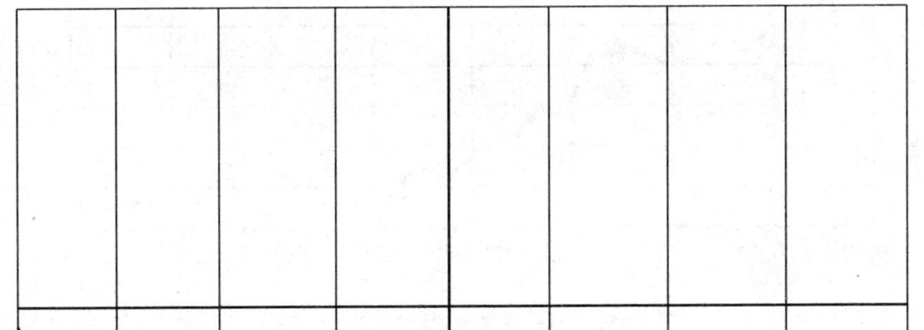

图 5–62　大阴线分时图类型Ⅴ

图 5–62 中，三角形为投资者应当重视的时间点，曲线为当日股价走势。由图 5–62 可知，该标准走势是小幅低开后便下跌，在 10 点 30 分左右股价小幅上冲，图中的三角形已标注，此时是确认卖点。如果上午没有及时卖出，可在下午 2 点 15 分震荡冲高时卖出，有三角形标注。

类型Ⅴ大阴线分时图在真实股市中的演绎如下所示。

由图 5–63 可知，在 10 点 30 分股价小幅上冲达到小高点，图中的箭头位置是确认卖点。

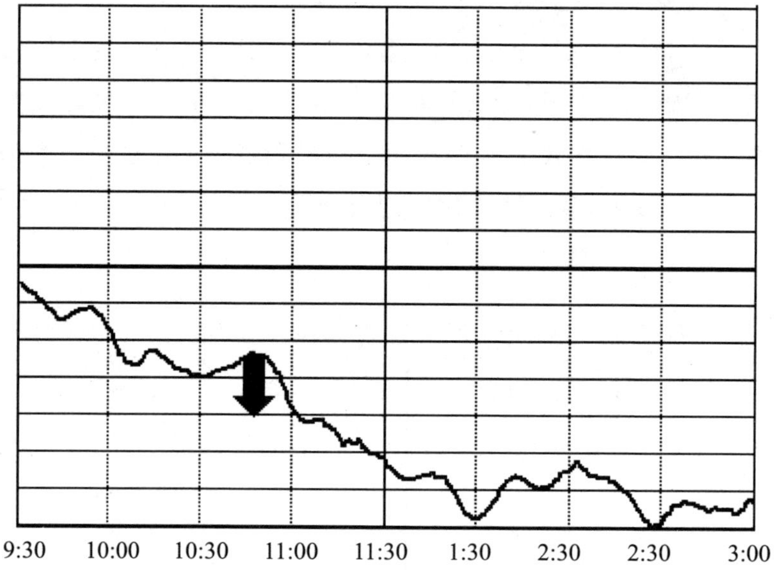

图 5–63　类型Ⅴ大阴线分时图表现 1

由图 5–64 可知，开盘后便一路下跌，在 10 点 03 分股价止跌，上冲乏力，图中标识的箭头位置是确认卖点。

由图 5–65 可知，股价小幅低开后便震荡下跌，在 10 点 05 分股价再次小幅上冲失败，图中标识的箭头位置是确认卖点。

由图 5–66 可知，股价小幅低开后便疯狂下跌，在 10 点 15 分股价小幅上冲达到小高点，图中标识的箭头位置是确认卖点。

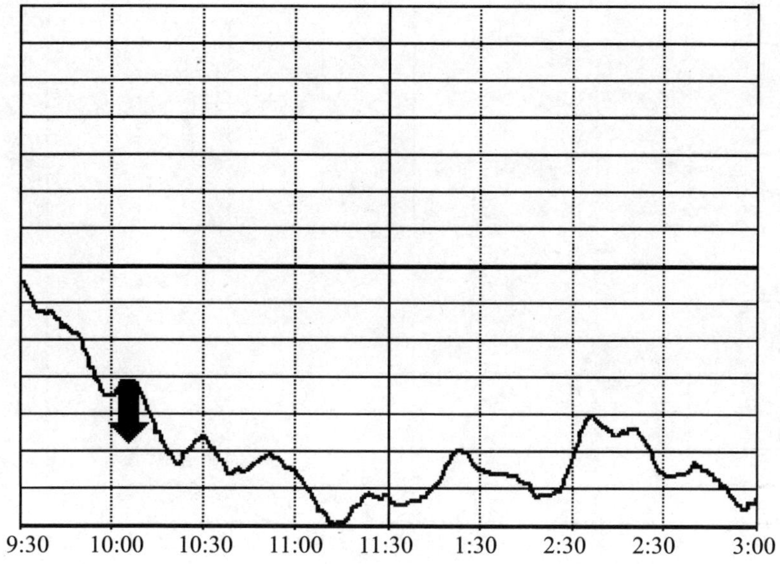

图 5-64　类型Ⅴ大阴线分时图表现 2

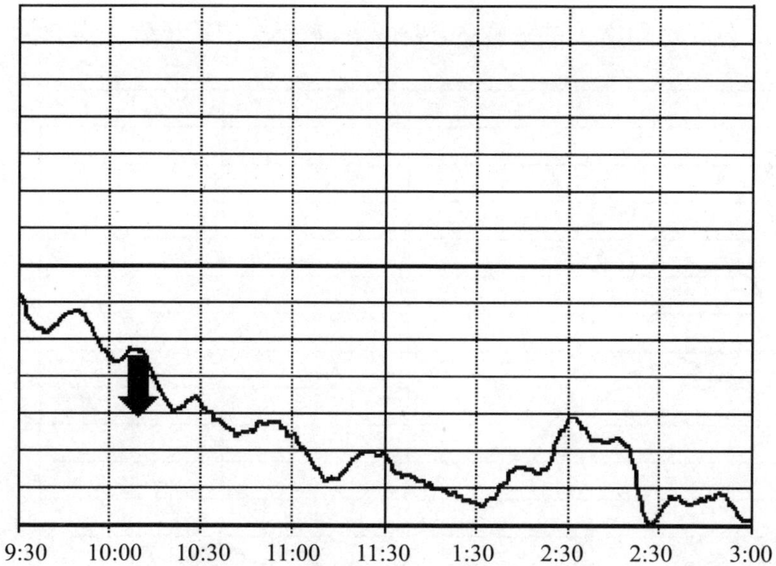

图 5-65　类型Ⅴ大阴线分时图表现 3

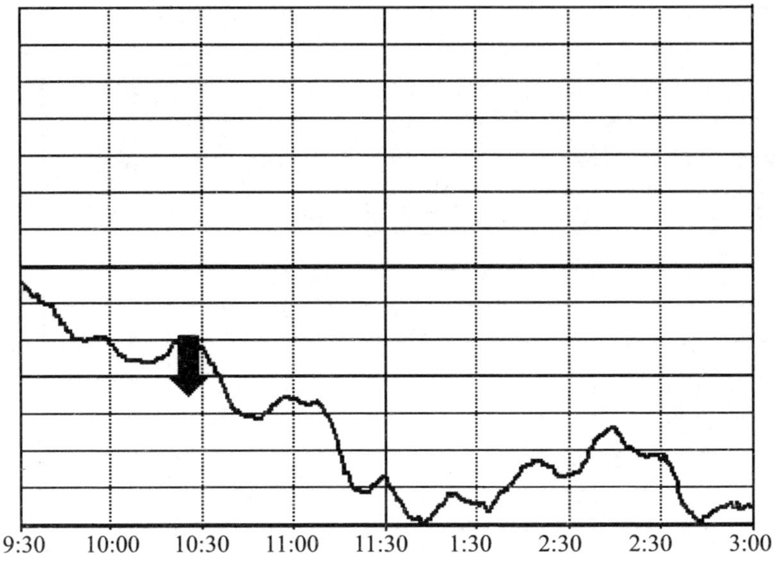

图 5-66　类型 V 大阴线分时图表现 4

由图 5-67 可知，股价小幅低开后有上攻动作，未能突破昨日收盘价，在 10 点 35 分股价再次上冲失败，图中标识的箭头位置是确认卖点。

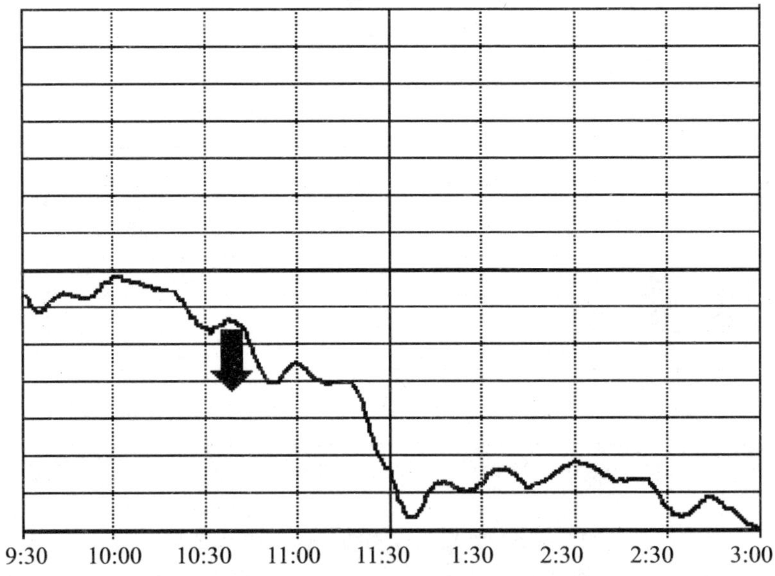

图 5-67　类型 V 大阴线分时图表现 5

由图 5-68 可知，股价小幅低开后微弱反弹便掉头下跌，在 10 点 10 分股价上冲失败，图中标识的箭头位置是确认卖点。

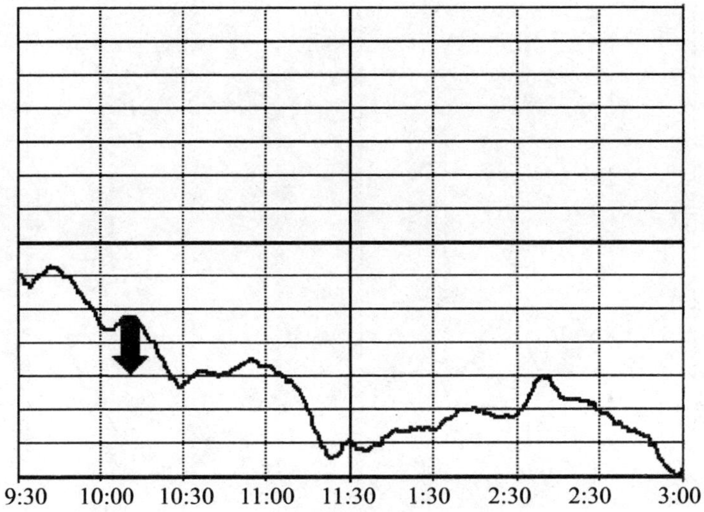

图 5-68　类型Ⅴ大阴线分时图表现 6

由图 5-69 可知，股价小幅高开后震荡下跌，在 10 点跌破昨日收盘价，10 点 32 分股价冲高失败，图中标识的箭头位置是确认卖点。

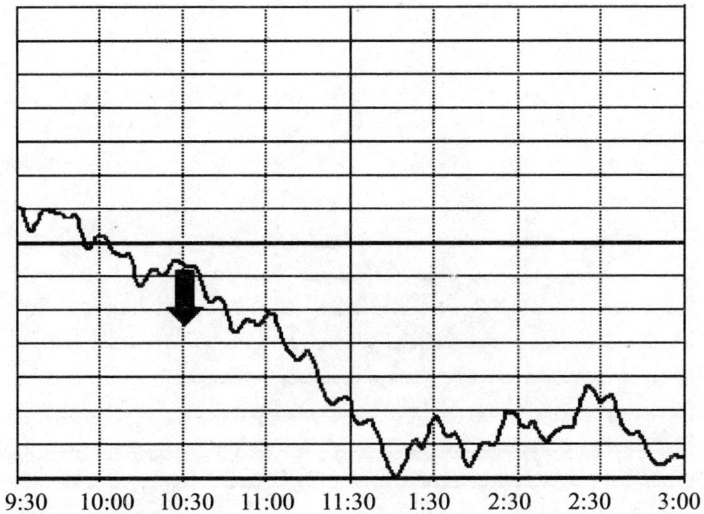

图 5-69　类型Ⅴ大阴线分时图表现 7

由图5–70可知，股价低开后便下跌，在10点25分股价冲高失败，图中标识的箭头位置是确认卖点。

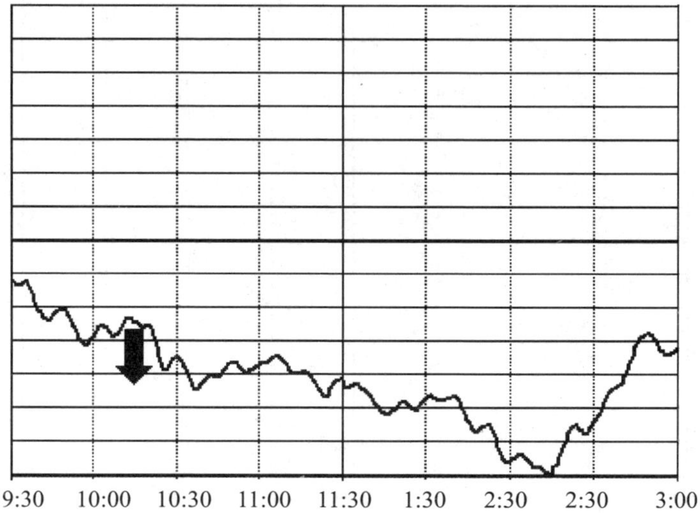

图5–70 类型V大阴线分时图表现8

由图5–71可知，股价小幅高开后震荡下跌，在10点跌破昨日收盘价，10点45分股价冲高失败，图中箭头的位置是确认卖点。

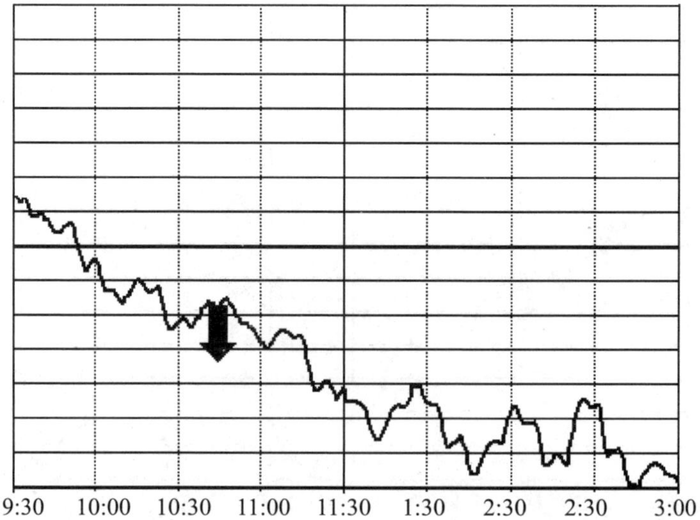

图5–71 类型V大阴线分时图表现9

由图 5-72 可知，股价小幅高开后震荡下跌，在 9 点 45 分跌破昨日收盘价，10 点 25 分股价冲高失败，图中标识的箭头位置是确认卖点。

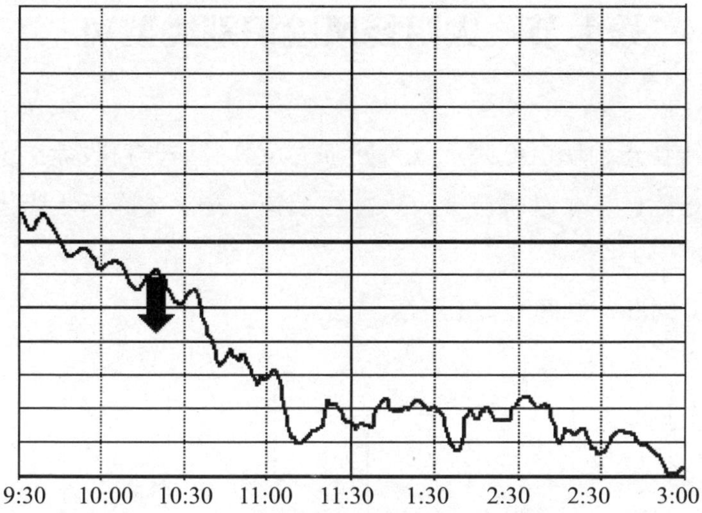

图 5-72　类型Ⅴ大阴线分时图表现 10

由图 5-73 可知，股价小幅低开，反弹无力后便急速下跌，在 10 点 30 分股价再次冲高失败，图中标识的箭头位置是确认卖点。

图 5-73　类型Ⅴ大阴线分时图表现 11

第七节　大阴线风险识别类型Ⅵ

该大阴线特点：早盘低开后就开始强力反弹突破昨日收盘点位，而后冲高回落震荡下跌，下午跌幅巨大，当冲高后第一次跌破昨日收盘点位时，就是最佳卖出点。

其标准分时图，如图5–74所示。

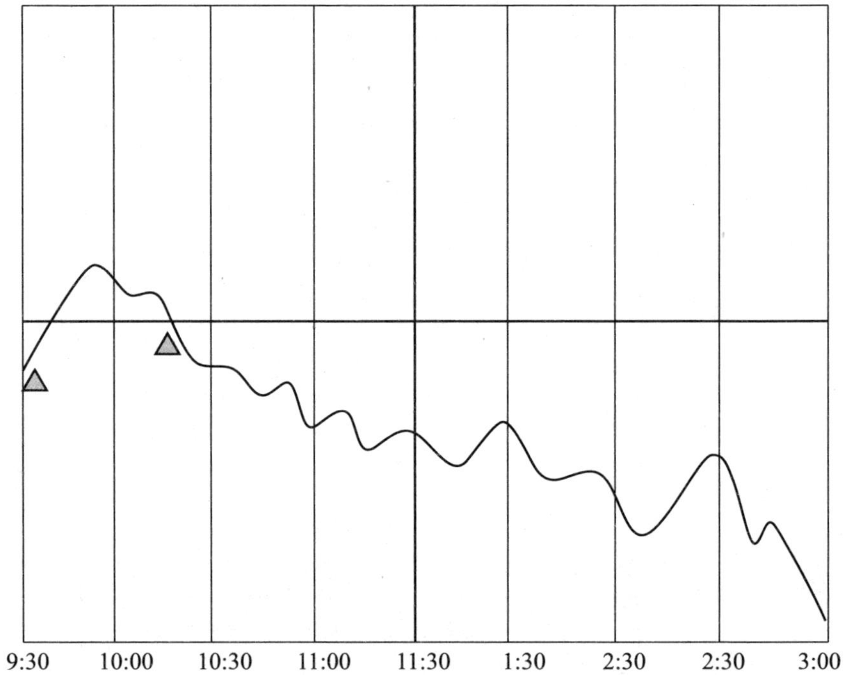

图5–74　大阴线分时图类型Ⅵ

图5–74中，三角形为投资者应当重视的时间点，曲线为当日股价走势。由图5–74可知，该标准走势是小幅低开后即强势反弹，突破昨日收盘点位，

在 10 点 20 分左右股价第一次跌破昨日收盘点位，图中的三角形已标注，此时是最佳卖点。没有及时卖出的投资者，就只能在等待下一个冲高点卖掉了。

类型Ⅵ大阴线分时图在真实股市中的演绎如下所示。

由图 5-75 可知，早盘大幅低开，之后强劲反弹，突破昨日收盘点位，在 9 点 45 分股价第一次跌破昨日收盘点位，图中标识的箭头位置是最佳卖点。

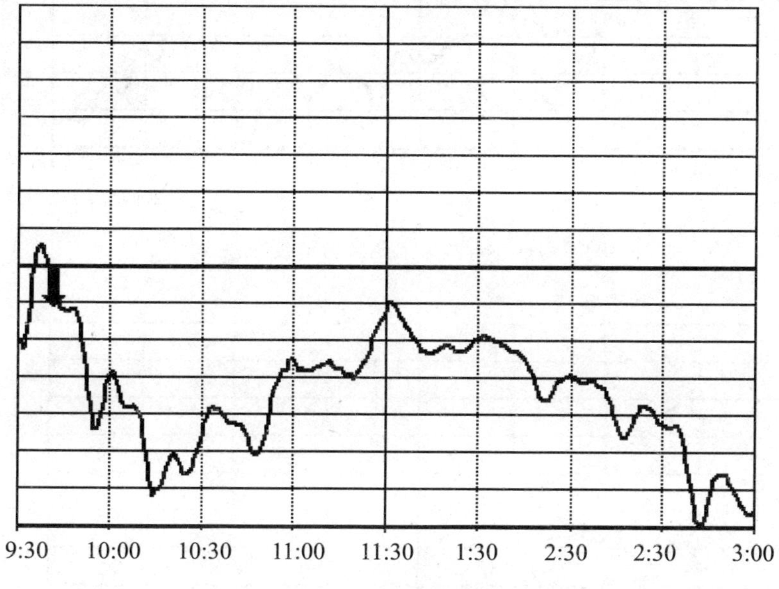

图 5-75　类型Ⅵ大阴线分时图表现 1

由图 5-76 可知，早盘大幅低开，之后强劲反弹，突破昨日收盘点位，在 9 点 48 分股价第一次跌破昨日收盘点位，图中标识的箭头位置是最佳卖点。

由图 5-77 可知，早盘大幅低开，之后强劲反弹，突破昨日收盘点位，在昨日收盘点位上方震荡，在 10 点 45 分股价第一次轻微破位昨日收盘点位，图中标识的箭头位置是最佳卖点。

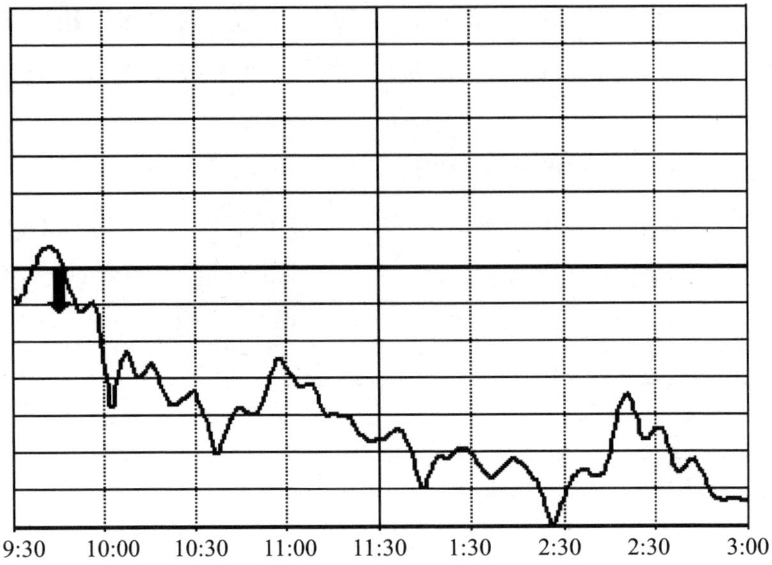

图 5-76　类型Ⅵ大阴线分时图表现 2

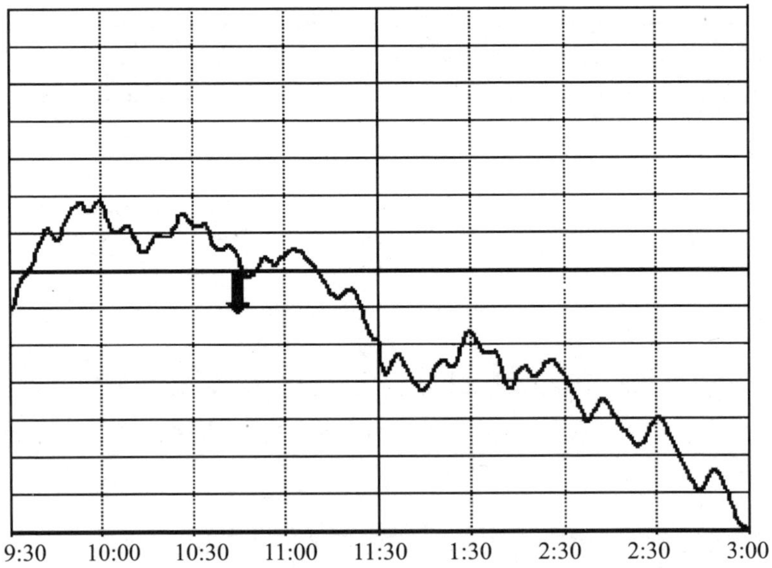

图 5-77　类型Ⅵ大阴线分时图表现 3

由图 5-78 可知，早盘大幅低开，之后强劲反弹，突破昨日收盘点位，在 10 点 10 分股价第一次跌破昨日收盘点位，图中标识的箭头位置是最佳卖点。

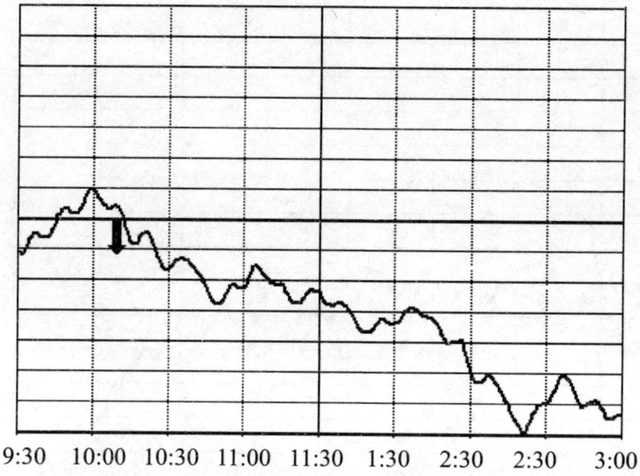

图 5-78　类型Ⅵ大阴线分时图表现 4

由图 5-79 可知，早盘平开略下跌，随后开始强劲反弹，突破昨日收盘点位，在 10 点 30 分股价第一次跌破昨日收盘点位，图中标识的箭头位置是最佳卖点。

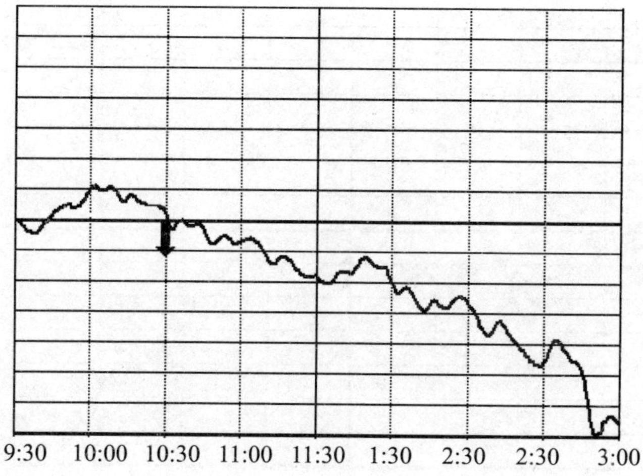

图 5-79　类型Ⅵ大阴线分时图表现 5

由图 5-80 可知，早盘平开略下跌，随后强劲反弹，突破昨日收盘点位，在 10 点 20 分股价第一次跌破昨日收盘点位，图中标识的箭头位置是最佳卖点。

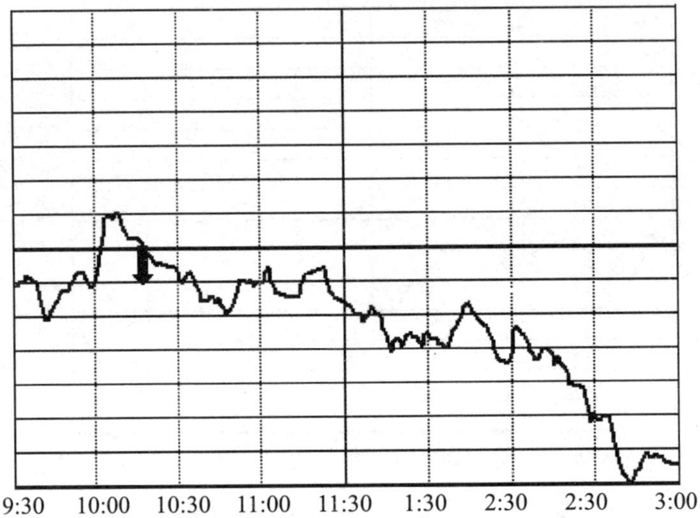

图 5-80　类型Ⅵ大阴线分时图表现 6

由图 5-81 可知，早盘平开，随后开始强劲反弹，在 9 点 48 分股价第一次跌破昨日收盘点位，图中标识的箭头位置是最佳卖点。

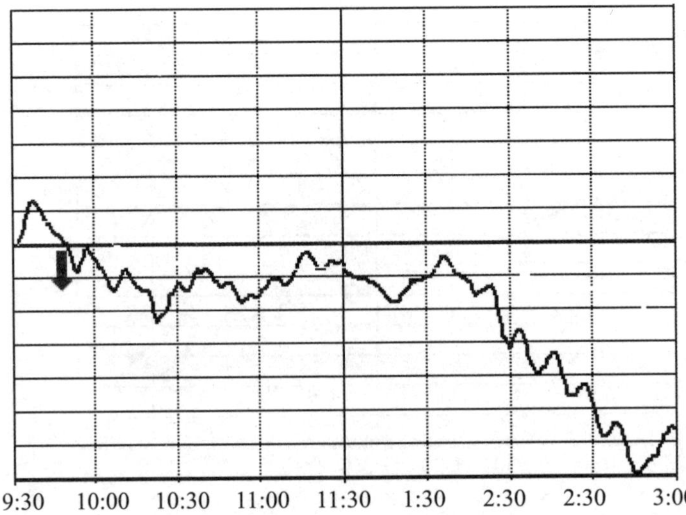

图 5-81　类型Ⅵ大阴线分时图表现 7

由图 5-82 可知，早盘低开，随后反弹突破昨日收盘点位，在 10 点 03 分股价第一次跌破昨日收盘点位，图中标识的箭头位置是最佳卖点。虽然后来股价又冲高，但等那时再卖，风险太大，必须依照规则卖出。

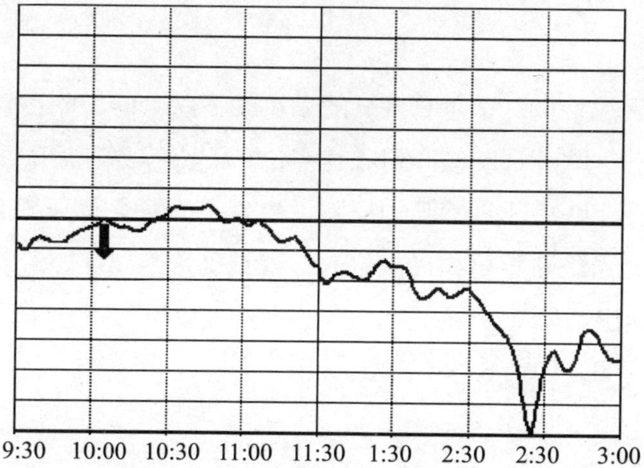

图 5-82　类型Ⅵ大阴线分时图表现 8

由图 5-83 可知，早盘平开略下跌，随后开始强劲反弹，突破昨日收盘点位，在 9 点 50 分股价第一次跌破昨日收盘点位，图中标识的箭头位置是最佳卖点。

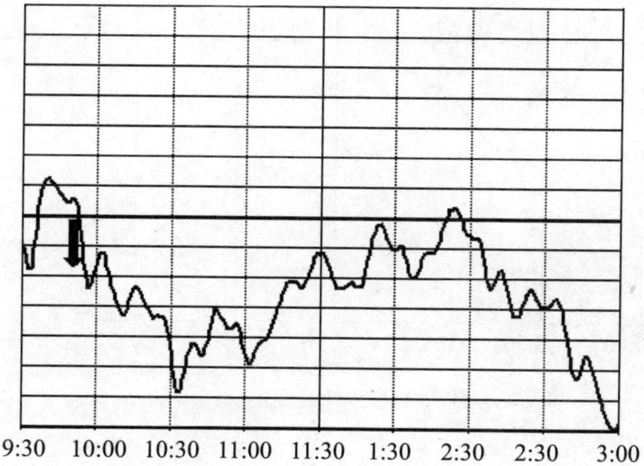

图 5-83　类型Ⅵ大阴线分时图表现 9

第八节　大阴线风险识别类型Ⅶ

该类型大阴线特点：早盘高开，随后小幅下跌到昨日收盘点位附近（一般大幅高开后的下跌不会跌破昨日收盘点位，而小幅高开后的下跌会触及昨日收盘点位），止跌后即开始强力反弹，最高点位将突破开盘点位，冲高后开始震荡下跌，当跌破昨日收盘点位时，就是确认卖出点，经验丰富的投资者可在冲高时卖出。

其标准分时图，如图 5-84 所示。

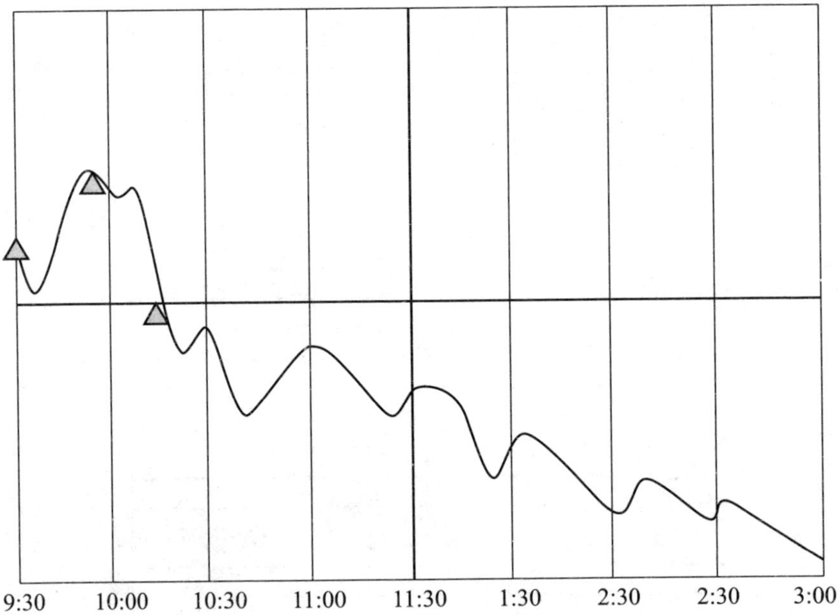

图 5-84　大阴线分时图类型Ⅶ

图 5-84 中，三角形为投资者应当重视的时间点，曲线为当日股价走势。由图 5-84 可知，该标准走势是高开后小幅快速下跌，止跌后即强势反弹突

破开盘点位，在 10 点 20 分左右股价达到最高，随后即快速回落，第一次跌破昨日收盘点位，图中的三角形已标注，此时是最佳卖点。

类型Ⅶ大阴线分时图在真实股市中的演绎如下所示。

由图 5-85 可知，高开后即小幅下跌，止跌后强劲反弹突破高开点位，在 10 点 05 分股价跌破昨日收盘点位，图中标识的箭头位置是确认卖点。

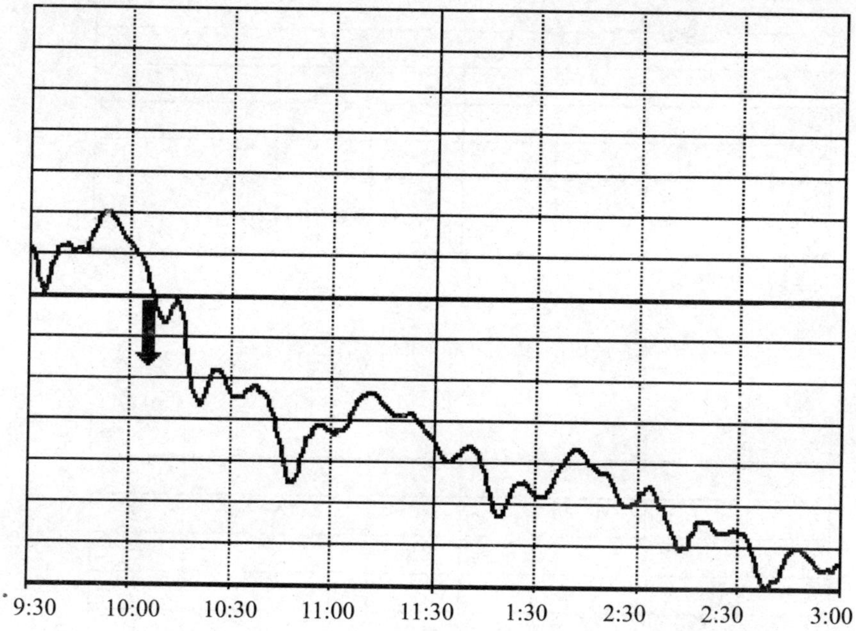

图 5-85　类型Ⅶ大阴线分时图表现 1

由图 5-86 可知，早盘高开后即下跌，刚刚跌破昨日收盘点位，破位后开始强劲反弹突破高开点位，在 10 点 18 分股价再次跌破昨日收盘点位，图中标识的箭头位置是确认卖点。

由图 5-87 可知，早盘大幅高开后小幅下跌，止跌后开始强劲反弹，突破高开点位，在 10 点 40 分股价跌破昨日收盘点位，图中标识的箭头位置是确认卖点。

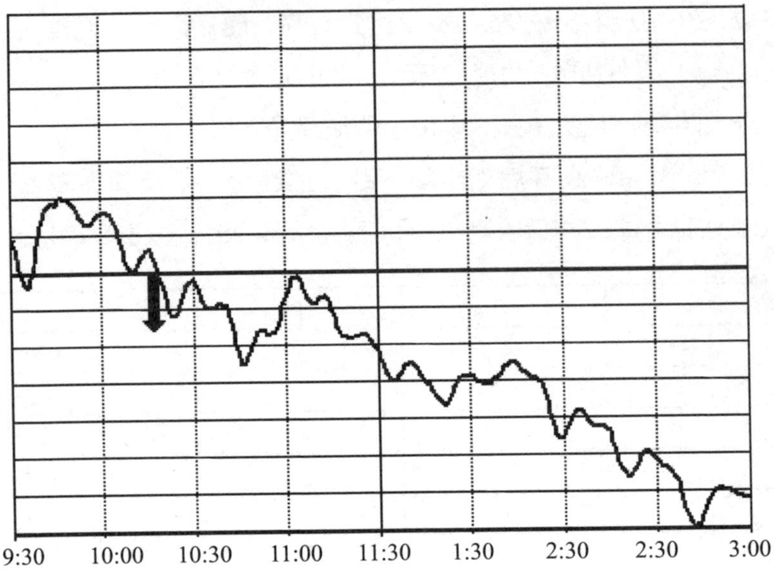

图 5-86　类型Ⅶ大阴线分时图表现 2

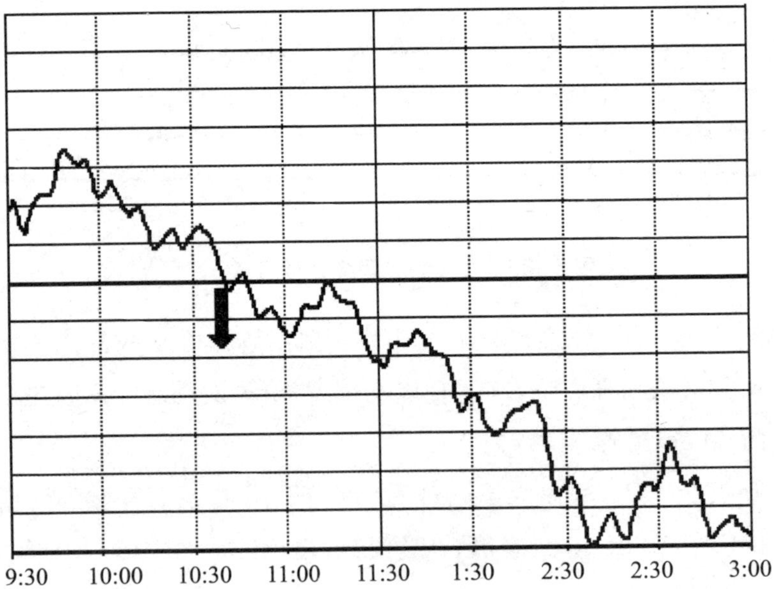

图 5-87　类型Ⅶ大阴线分时图表现 3

第九节　大阴线风险识别类型Ⅷ

该类型大阴线特点：早盘大幅低开（跌幅为 1.6%~2.5% 之间），而后抵抗性下跌至收盘，低开低走。早盘开盘后即可卖出。

其标准分时图，如图 5–88 所示。

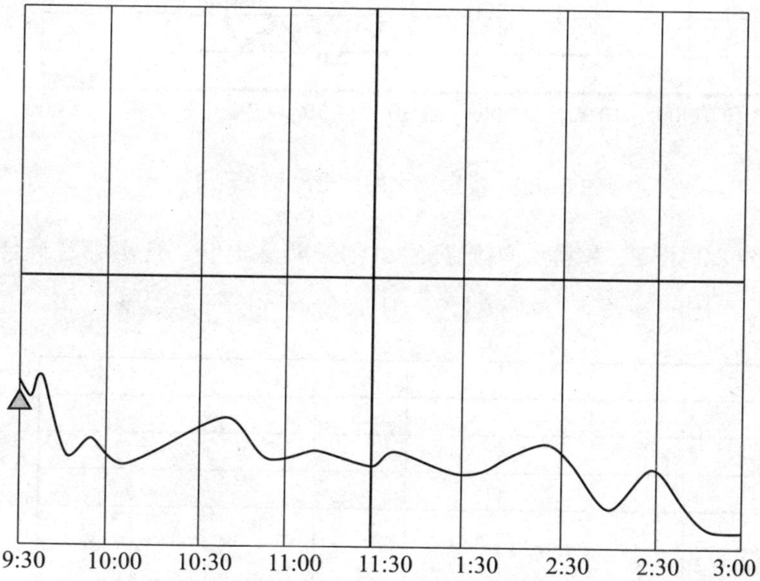

图 5–88　大阴线分时图类型Ⅷ

图 5–88 中，三角形为投资者应当重视的时间点，曲线为当日股指走势。由图 5–88 可知，该标准走势早盘开盘即为最佳卖点。

类型Ⅷ大阴线分时图在真实股市中的演绎如下所示。

由图 5–89 可知，早盘大幅低开后，全天震荡走低，图中标识的箭头位置，开盘即是最佳卖点。没有来得及卖出的投资者，可在上午 10 点 35 分冲高时卖出。

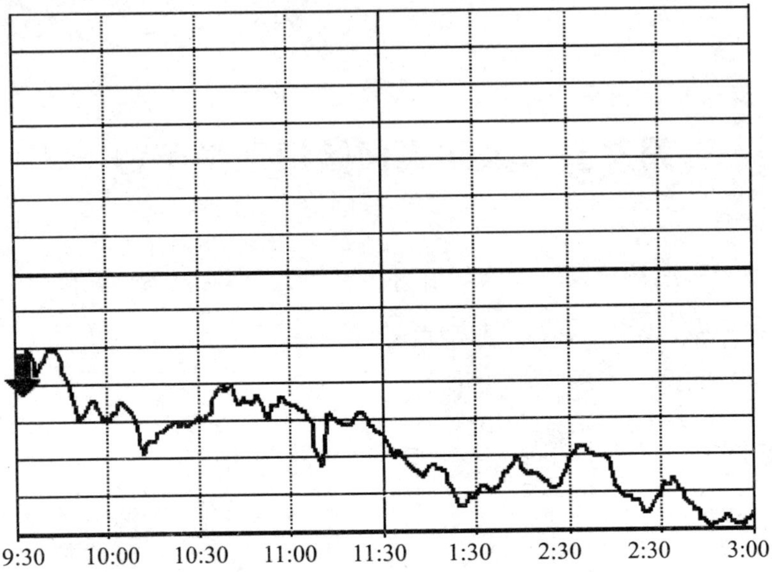

图 5-89 类型Ⅷ大阴线分时图表现 1

由图 5-90 可知，早盘大幅低开后，全天震荡走低，开盘即是最佳卖点。没有来得及卖出的投资者，可在上午 10 点 35 分冲高时卖出。

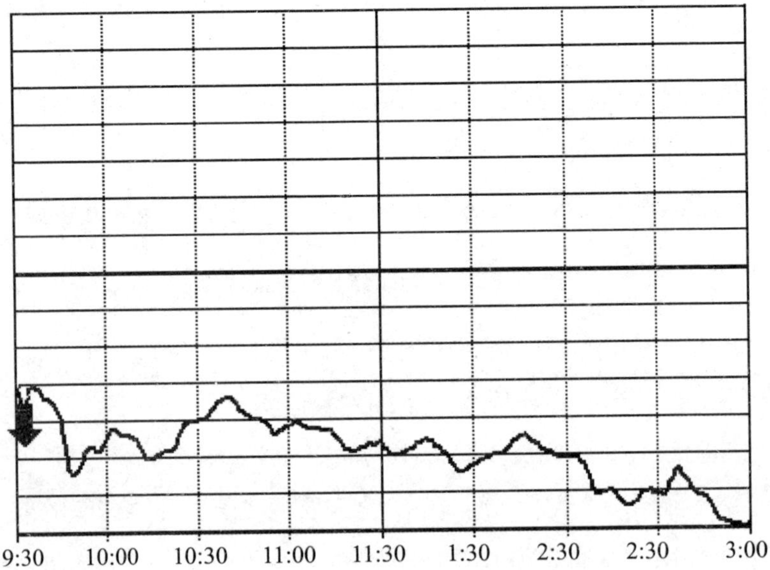

图 5-90 类型Ⅷ大阴线分时图表现 2

由图 5-91 可知，早盘大幅低开后，全天震荡走低，开盘即是最佳卖点。没有来得及卖出的投资者，可在上午 10 点 40 分冲高时卖出。

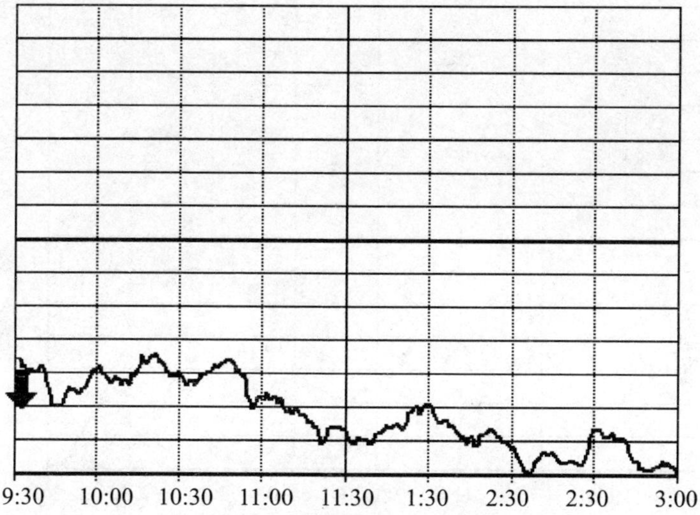

图 5-91　类型Ⅷ大阴线分时图表现 3

由图 5-92 可知，早盘大幅低开后，全天震荡走低，开盘即是最佳卖点。没有来得及卖出的投资者，可在上午 10 点 15 分冲高时卖出。

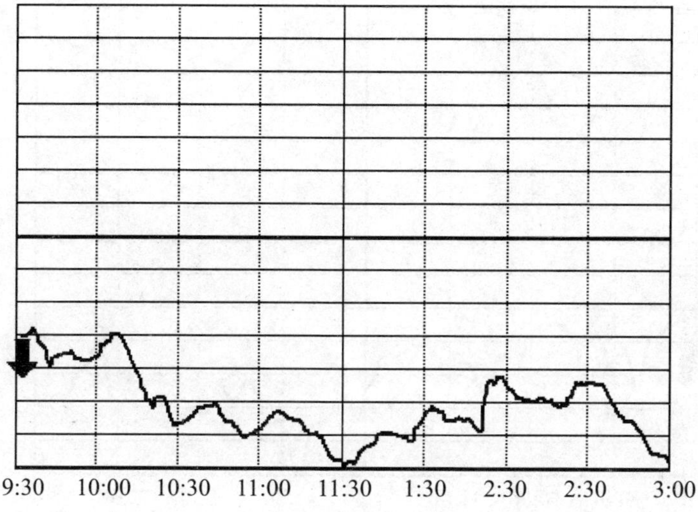

图 5-92　类型Ⅷ大阴线分时图表现 4

由图 5-93 可知，早盘大幅低开后，全天震荡走低，开盘即是最佳卖点。没有来得及卖出的投资者，可在上午 10 点 35 分冲高时卖出。

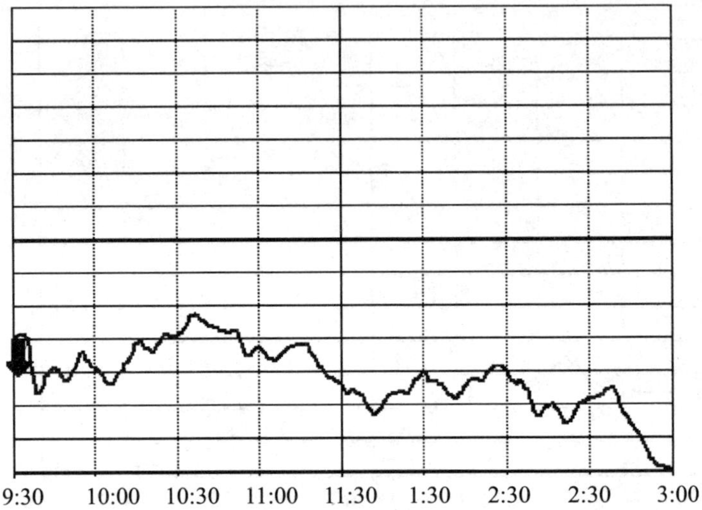

图 5-93　类型Ⅷ大阴线分时图表现 5

由图 5-94 可知，早盘大幅低开后，全天震荡走低，开盘即是最佳卖点。没有来得及卖出的投资者，可在上午 10 点 30 分冲高时卖出。

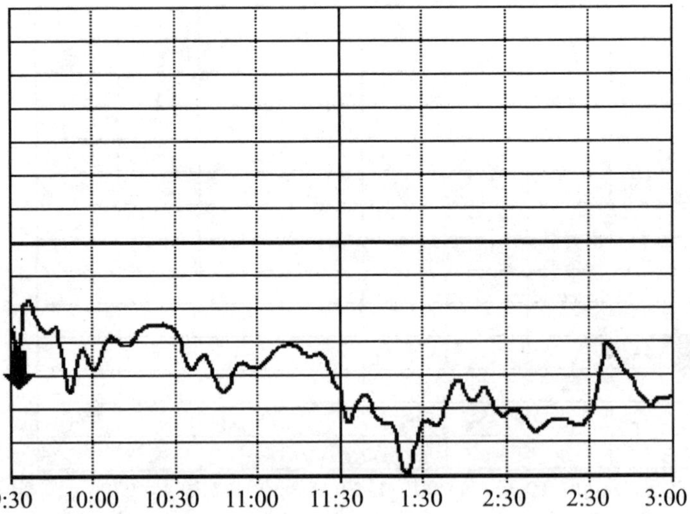

图 5-94　类型Ⅷ大阴线分时图表现 6

第十节　大阴线风险识别类型Ⅸ

该类型大阴线特点：早盘大幅低开（跌幅为 1.6%~2.5% 之间），上午呈现无抵抗下跌，下午开始止跌回升，反弹冲高，最高点可达到或高于早盘开盘点位，早盘开盘后即可卖出。

其标准分时图，如图 5-95 所示。

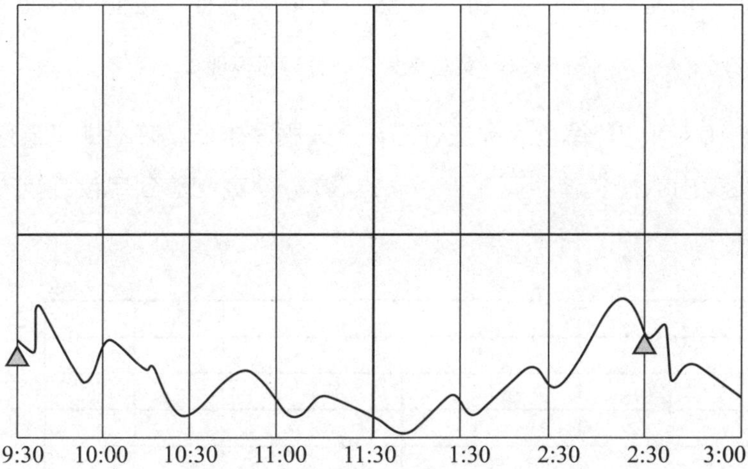

图 5-95　大阴线分时图类型Ⅸ

图 5-95 中，三角形为投资者应当重视的时间点，曲线为当日股价走势。由图 5-95 可知，该标准走势早盘开盘即为最佳卖点。下午反弹至早盘开盘点位时，又是一次最佳卖出机会。

类型Ⅸ大阴线分时图在真实股市中的演绎如下所示。

由图 5-96 可知，早盘大幅低开后，全天震荡走低，开盘即是最佳卖点。没有来得及卖出的投资者，可在下午 2 点 30 分冲高回落到早盘开盘点位时再卖出。

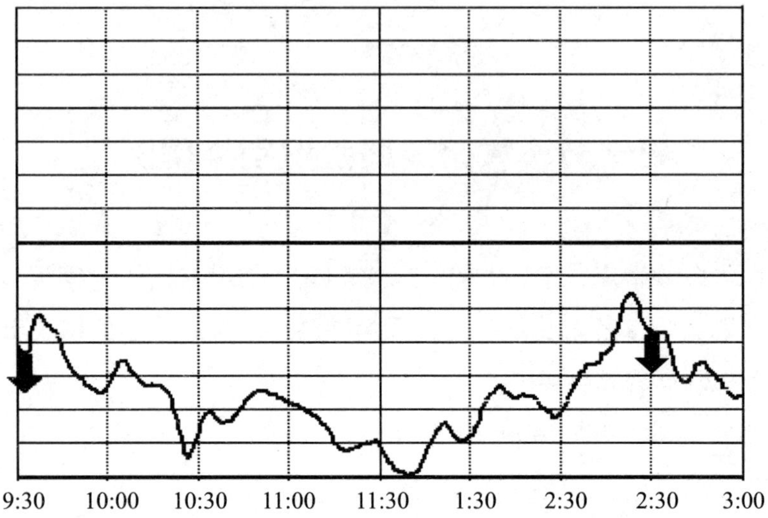

图 5-96　类型Ⅸ大阴线分时图表现 1

由图 5-97 可知，早盘大幅低开后，全天震荡走低，开盘即是最佳卖点。没有来得及卖出的投资者，可在下午 2 点 30 分冲高回落到早盘开盘点位时再卖出。

图 5-97　类型Ⅸ大阴线分时图表现 2

第十一节　大阴线风险识别类型Ⅹ

该类型大阴线特点：早盘大幅低开（跌幅为 1.6%~2.5% 之间），上午 11 点之前呈现低位横盘态势，11 点之后至 3 点收盘时段，一路下跌，没有遇到任何抵抗，早盘开盘后即可卖出。

其标准分时图，如图 5–98 所示。

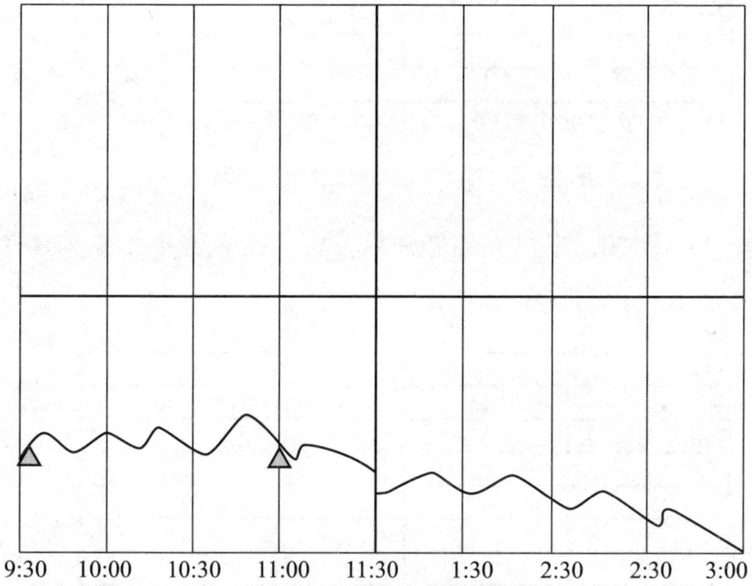

图 5–98　大阴线分时图类型Ⅹ

图 5–98 中，三角形为投资者应当重视的时间点，曲线为当日股价走势。由图 5–98 可知，该标准走势早盘开盘即为最佳卖点。上午 11 点之前都可以随时卖出，最后一次机会是在 11 点之后开始转向下跌时。

类型Ⅸ大阴线分时图在真实股市中的演绎如下图所示。

由图5-99可知，早盘大幅低开后，11点之前是低位横盘震荡，开盘即是最佳卖点。

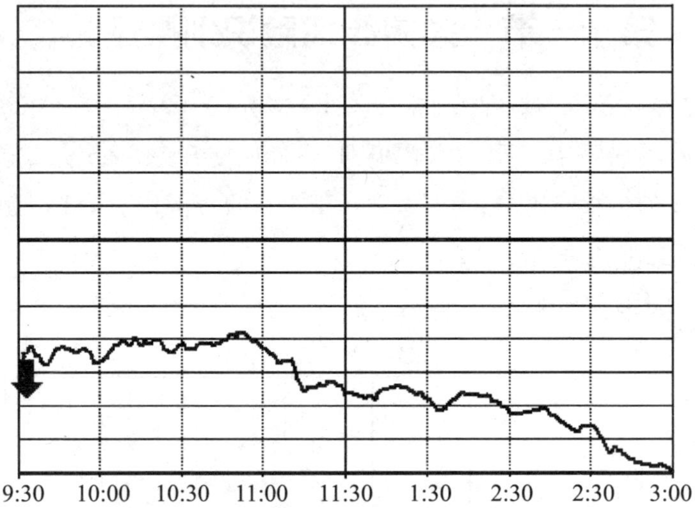

图5-99 类型X大阴线分时图表现1

由图5-100可知，早盘大幅低开后，11点之前是低位横盘震荡，开盘即是最佳卖点。

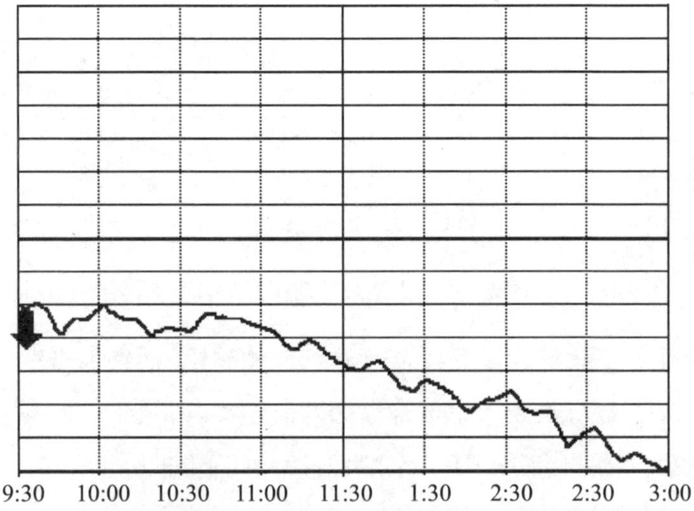

图5-100 类型X大阴线分时图表现2

第十二节　大阴线风险识别类型Ⅺ

该类型大阴线特点：早盘巨幅低开（跌幅在 2.6%~5.5% 之间），随后开始强力反弹，反弹持续时间在 15 分钟到 30 分钟之间，当反弹回落，二次反弹无力时，即可卖出。

其标准分时图，如图 5-101 所示。

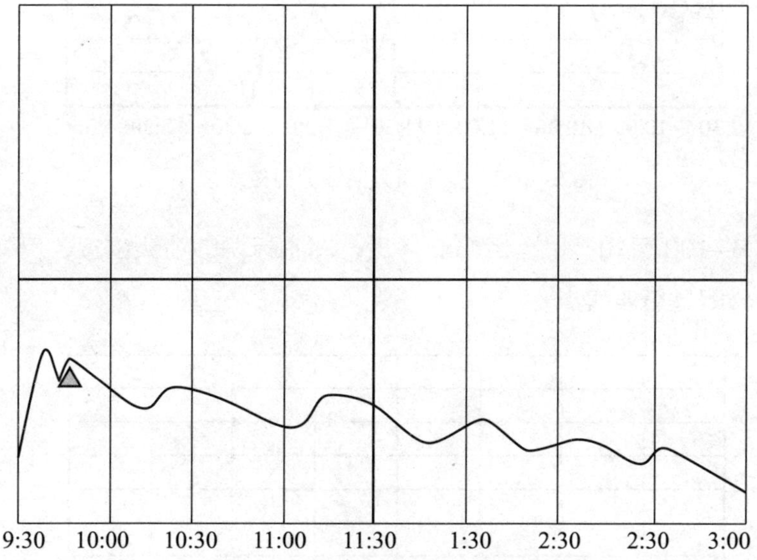

图 5-101　大阴线分时图类型Ⅺ

图 5-101 中，三角形为投资者应当重视的时间点，曲线为当日股价走势。由图 5-101 可知，该标准走势是早盘巨幅低开，开盘后即开始强力反弹，9 点 40 分达到反弹高点，当二次反弹无力时，图中已标注的三角形，即为最佳卖点。

类型Ⅺ大阴线分时图在真实股市中的演绎如下所示。

由图 5-102 可知，早盘巨幅低开后，反弹回落，9 点 46 分，图中标识的箭头位置即是最佳卖点。

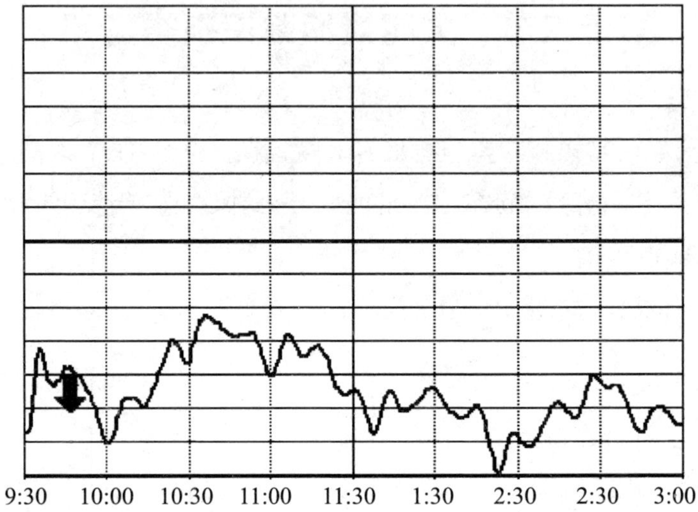

图 5-102　类型Ⅺ大阴线分时图表现 1

由图 5-103 可知，早盘巨幅低开后，图中标识的箭头位置，反弹回落，10 点 01 分即是最佳卖点。

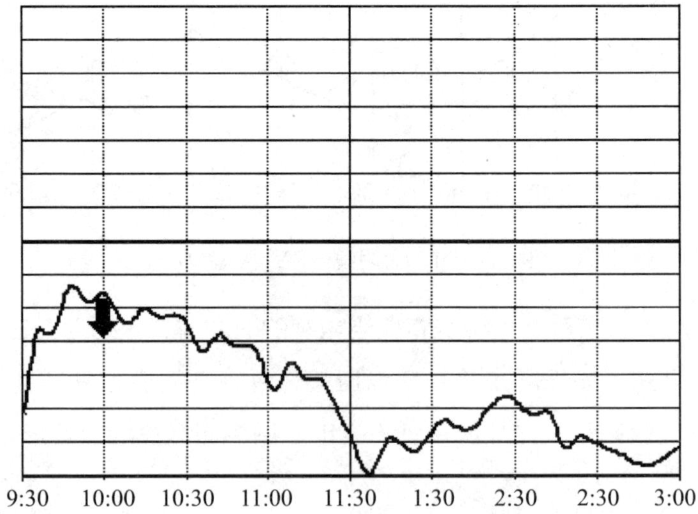

图 5-103　类型Ⅺ大阴线分时图表现 2

以上 11 种类型的阶段性顶部特征和相关案例，投资者一定要仔细研读并牢记。在具体操作中，当这样的大阴线来临时，投资者千万不要犹豫，只要符合卖出规则就及时卖掉，这样才能提前逃命，保住大部分利润。

第6堂课

识牛股

第一节　大牛股的因子分析

选股就是选公司，从长期来看，公司的优劣决定了股票价格的高低。不论是机构投资者还是个人投资者，都希望找到一家或几家优秀的公司，不但每年都可以获得股息红利，还能享受资本增值。但是，这样的公司少之又少，所以，机构投资者和个人投资者都比较重视一到三年内比较有发展潜力的公司或是有题材的公司，从而获取短期的价差收益。

大牛市里也有大熊股，大熊市里也有大牛股，在学会了看盘涨跌后，下一步的功课就是如何选股、选牛股。牛股分为短期牛股、中期牛股和长期牛股。既然是牛股，就一定有牛性，一定会与众不同。

目前中国股市有将近三千多家上市公司，未来可能要达到五六千家，不论是机构投资者还是个人投资者，不下一番功夫是不可能找到牛股的。选股就好像你去学校里找好学生一样，一进校园看哪个学生都差不多，根本不知道哪个是好学生。要想知道谁是好学生，就得进行调查，简单的办法是询问老师或学生，最有效的方法是看这些学生的历次考试成绩，一目了然。一个学校的学生，最让你牢记的一定是学习最好或学习最差的，亦或是从学习最差到学习最好和从学习最好到学习最差的学生。所以，在那么多的上市公司里，一定要找到最优秀的或者是最差的但有向好可能的上市公司，平庸的上市公司如同平庸的学生一样，在考试时一定也是平庸的成绩，是不可能创造出什么辉煌的，成为牛股、大牛股的机会太小了。

想要寻找到牛股，就得对上市公司有所了解，例如，一家上市公司是哪个地区的，干什么的，属于哪个行业，哪年上市的，发行价是多少，现在价格是多少，有没有题材，业绩怎么样，有没有主力介入，介入程度如何，以前有没有被爆炒过，这些都是要知道的。只要是牛股，每日和每周甚至是每月 K 线，基本都是主力刻意做出来给散户看的，那么，主力做这些 K 线背后的目的什么？不外乎两点，即预期业绩和题材的利用，而预期业绩和题材是可以从定性的角度去寻找和分析的。

本章就是探寻 K 线背后的秘密，背后的秘密找到了，再去分析 K 线形态，以决定时机和仓位介入即可。在寻找到牛股之前，刻苦的研习是必不可少的。不论市场上有多少家上市公司，都可以从以下几个方面进行归类和分析。

一、按产业来划分

图 6-1 中，按产业可以划分为第一产业、第二产业和第三产业。根据《国民经济行业分类》（GB/T4754—2002），第一产业是指农、林、牧、渔业；第二产业是指采矿业，制造业，电力、燃气及水的生产和供应业，建筑业；第三产业是指除第一、二产业以外的其他行业，主要包括交通运输、仓储和邮政业，信息传输、计算机服务和软件业，批发和零售业，住宿和餐饮业，金融业，房地产业，租赁和商务服务业，科学研究、技术服务和地质勘查业，水利、环境和公共设施管理业，居民服务和其他服务业，教育，卫生，社会保障和社会福利业，文化、体育和娱乐业，公共管理和社会组织，国际组织。

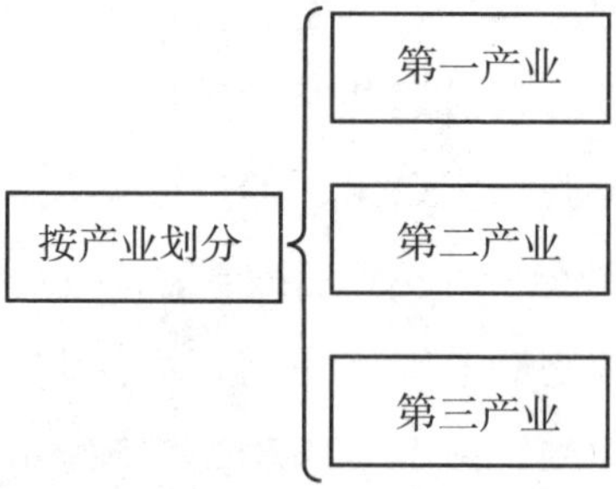

图 6-1　按产业划分上市公司

这是一个大的划分概念，投资者可以从宏观上对上市公司有一个了解。第一产业是国民经济的基础，第二产业是工业化过程中必须扶持的，第三产业是未来国民经济最主要的发展方向。通俗来讲，第一产业出大牛股的几率不大，现阶段是第二产业产生牛股较多，未来第三产业是出大牛股的地方。

二、按地域、行业和概念来划分

图 6–2 中，同省市为同一省份或直辖市内的上市公司，同行业为相同行业的上市公司，同概念为在一定时间范围内受同一概念影响的上市公司。省市地区共 32 个，证监会行业划分为 92 个类别。各省市地区股票受益于当地政策和国家给予的特殊政策；同行业上市公司一起感受行业冷暖；相同概念的上市公司一起受益于概念政策。

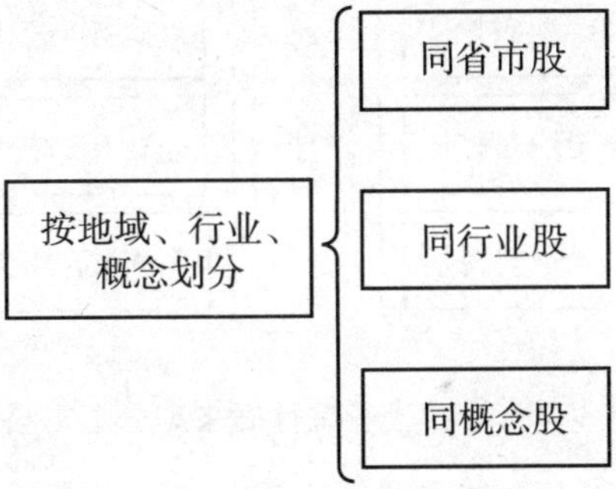

图 6–2　按地域、行业和概念划分上市公司

三、按股本数来划分

图 6–3 中，大盘股指流通股本大于 10 亿股，中盘股指流通股本大于 5 亿股小于 10 亿股，小盘股指流通股本大于 3 亿股小于 5 亿股，创业板流通股小于 5 亿股。通常，流通盘越小，越有利于主力拉升。

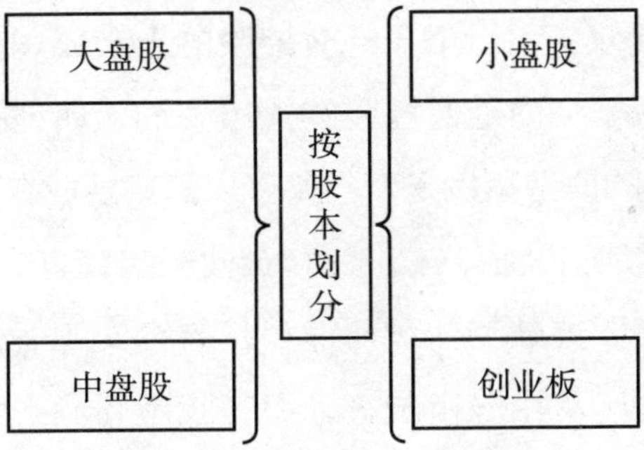

图 6–3　按股本数来划分上市公司

四、按控股股东性质来划分

图6–4中，按控股股东性质来划分，首先分为各个不同控股股东是绝对控股还是相对控股。绝对控股为控股大股东控股达到总股本的50%以上，而相对控股达不到总股本的50%。

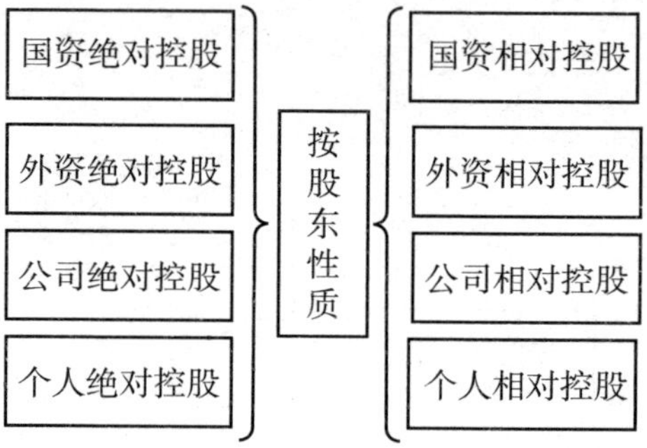

图6–4　按控股股东性质来划分上市公司

我国股市中大部分上市公司最初都是国有企业，当初上市的目的就是盘活国有资产，拓宽融资渠道。随着大部分脱贫国企都已上市，以及股票市场的完善，民营企业上市的数量也越来越多。笔者统计，从1992年到2013年，所有上市公司中涨幅最高、资产增幅最高的上市公司大都是国资绝对控股上市公司，这也说明，国资绝对控股的上市公司是“背靠大树好乘凉”。外资绝对控股的上市公司不多，明面上是外资，其实就是国内个人或公司在海外注册的壳公司而已。公司绝对控股的上市公司数量也不少，这里所指的公司为上市公司本身或其他公司。个人绝对控股的上市公司都是民营企业，而且多半是家族企业。属于公司绝对控股的上市公司，典型的成功案例是中国平安，而民营企业成功的典型案例是万科集团。民营企业在中国想要发展壮大，还需要国家政策的放开和鼓励，未来民营企业一定会有很大作为，但现阶段，民营企业发展壮大需要突破的瓶颈还很多，最主要的瓶颈之一就是融资难，虽然民营上市公司可以利用股市融资，但在股市环境不好时，这条路也给堵死了，所以，现阶段长期大牛股出自国资绝对控股上市公司仍是几率最大的。

五、按上市公司业绩来划分

图 6-5 中，上市公司的业绩变动形式是 12 种。绩优股是上市公司业绩长期稳定地增长，无疑，这也是造就超级大牛股的摇篮，这一点在国外股市体现得更是淋漓尽致，如伯克希尔公司、微软公司、苹果公司等。绩差股虽然没有实体业绩做支撑，但题材不断，催热预期股票价值，从而带动股价攀升，大多是短期的强势题材股，这在中国股市里很常见，但这种泡沫价格很容易破碎，股价最终会在实体价值附近波动。

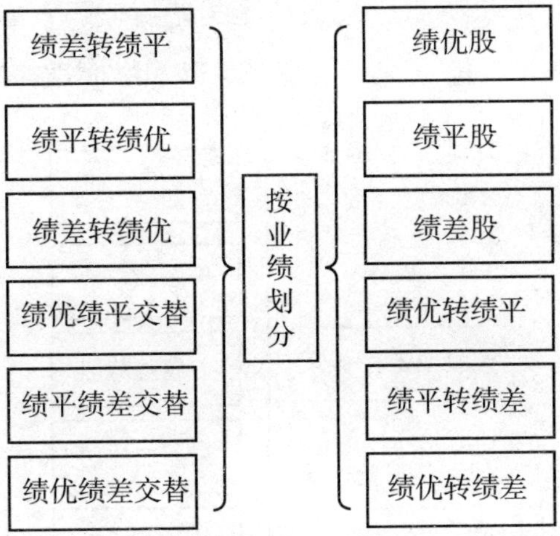

图 6-5　按业绩来划分上市公司

上市公司业绩从绩差突然转变为绩优时，会造就股市中的超级黑马，而上市公司突然出现业绩转好并且稳定增长的情况，一般都是该上市公司所在的行业整体回暖，或受益于相关政策的出台，或上市公司本身研制出了受市场欢迎的新产品，或开拓了新市场，或资产重组成功。不管是哪个原因促使该上市公司从绩差转向绩优，都让该上市公司受到资本市场资金的青睐，从而诞生了一段时期内的超级黑马。当然，绩平转绩优的上市公司也会受到资本市场资金的青睐，但它不会成为超级黑马，只能成为公认的白马股。

最令市场投资者头疼的是那些绩优转绩差的上市公司，这些上市公司就如同一颗颗未引爆的地雷，随时都可能爆炸，一旦爆炸，结果就是股价一泻千里，不管是散户投资者还是主力，没有一个赢家。绩平转绩差的公司就没有那么大的威力了，因为它本身也没有太多关注的资金。

六、按股价走势与大盘走势相比来划分

图6-6中，大盘同步股是指股票价格走势与大盘指数走势相同；大盘相反股是指股票价格走势与大盘指数走势相反；方向强势股是不管大盘走势是向上还是震荡亦或是下跌，其股票走势始终向上；方向弱势股是不管大盘走势是向上还是震荡亦或是下跌，其股票走势始终向下；震荡横盘股是不管大盘走势向上还是震荡亦或是下跌，其股票走势始终横盘震荡。

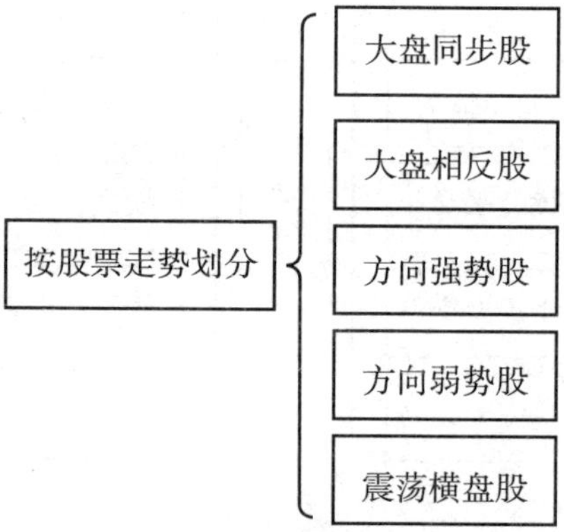

图6-6　按股价走势与大盘走势相比来划分上市公司

一般以大盘一轮下跌或上涨的时间段来考察上市公司股价的总体走势，便可以找出那些与大盘走势不同的上市公司，不同才意味着特殊，特殊意味着这些上市公司不是牛股就是熊股，才能弃熊买牛。

在熊市,方向强势股最值得投资者关注,因为不论是短线还是阶段性炒股,方向强势股都能让投资者获利。在牛市来临时，就不要选择这些熊市期间的方向强势股了，因为这些方向强势股在大熊市里已经涨得差不多了，在牛市里就没有多少上升空间了。在大盘经历一轮下跌时，与大盘走势相反的股票，

不论在牛市还是熊市，都是容易出阶段性牛股的，这一点投资者要注意。长期震荡横盘股不论是牛市还是熊市，在它没有向上放量突破时，都不要介入，如果介入，虽然不会赔多少，但是也不会赚多少。

七、按上市时间来划分

图 6–7 中，上市公司按上市时间分类，可分为新股、次新股、普通股和老股。新股是指上市不满一年的上市公司，次新股是指上市时间为一到三年的上市公司，普通股是上市时间三年到十年之间的上市公司，老股是指上市时间在十年以上的上市公司。一家上市公司上市十年后还是业绩平平的话，未来成为大牛股的概率就不高了。次新股是最容易出大牛股的，因为这些上市公司会有一个由小变大、由弱变强的发展过程。

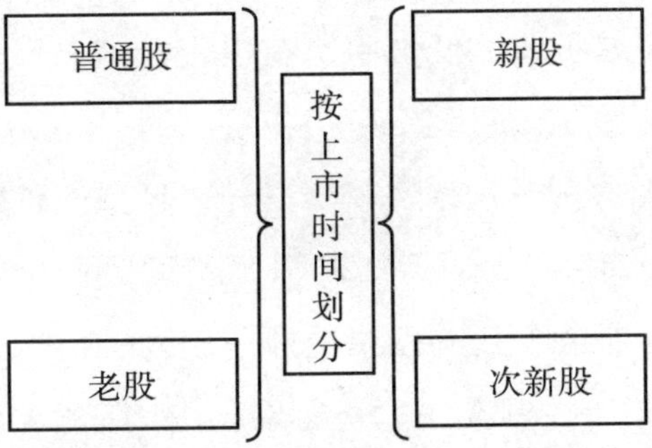

图 6–7　按上市时间来划分上市公司

八、按股票发行价格来划分

图 6–8 中，上市公司上市发行价有高有低，而决定上市公司发行价的主要因素不外乎以下几点，第一，发行时的市场环境，牛市发行价可以定得高一些，熊市就定得低一些；第二，行业不同，每个行业的发展前景是不一样的，越有发展前景的公司，定价就会相对高一些；第三，财务指标及发行股份数不同，发行的股价也不同。

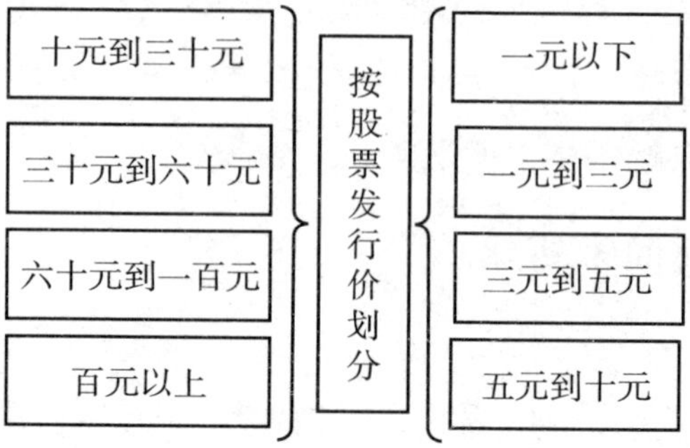

图 6-8　按股票发行价格来划分上市公司

发行价在六十元以上的就可以叫高价股了，高价股把资金有限的小散户挡在了门外，一般来说，高价股交投不活跃。三十到六十元的股价中等偏高，十元到三十元的股价适中，而十元以下的股价就叫低价股了。低价股更容易成为大牛股，但并不是所有的低价股都有投资价值，只有那些发行价低且发展迅猛的公司以及在大熊市期间错杀的白马股，才是主力最喜欢的猎物。例如，这些白马股的股价从二三十元跌到了两三元，且早已跌破发行价，再把它拉升到二三十元后，出货就容易多了。拉升低价股的一个好处就是相对容易出货，试想，一只股价为六十元的股票拉升一倍为一百二十元，另一只股价为六元的股票拉升到十二元，哪个主力更容易出货？答案当然是十二元的那只，因为大家都觉得十二元的股价依然不高，而且买得起。

九、按主力绝对介入程度来划分

图 6-9 中，主力绝对介入程度是指除了上市公司本身或控股股东外，占流通股份额最大的机构。一家上市公司可能被一家或几家机构相中，但这些介入机构中总有一个类别的机构持股数量相对最大，这个持股数量最大的类别机构就是我们研究的对象。

公募基金扎堆的股票一般都是业绩良好的公司，QFII 扎堆的股票一般都是有行业发展前景的上市公司，私募基金扎堆的股票一般都是中小盘且有题材的上市公司，社保基金则是遍地撒网，遍地捕鱼，保险资金、财务公司、证券公司是瞎哄蝇子类型的，爱好广泛，游资扎堆的股票一般都是有短期题材的黑马股。

图 6-9　按主力介入程度来划分上市公司

十、按股票概念持续时间长短来划分

图 6-10 中，无概念股是指该上市公司本身或行业一直都没有刺激股价上涨的题材概念；短期概念股是指某一小段时间内上市公司本身或其他外部利好概念刺激股价上升，该概念持续的时间为一天到一个月左右；中期概念股是指该上市公司利好与外部利好的时间相对要长，该概念持续的时间为一个月到六个月之间；长期概念股是该上市公司长期利好于某些特定外部题材，持续的时间在六个月以上。

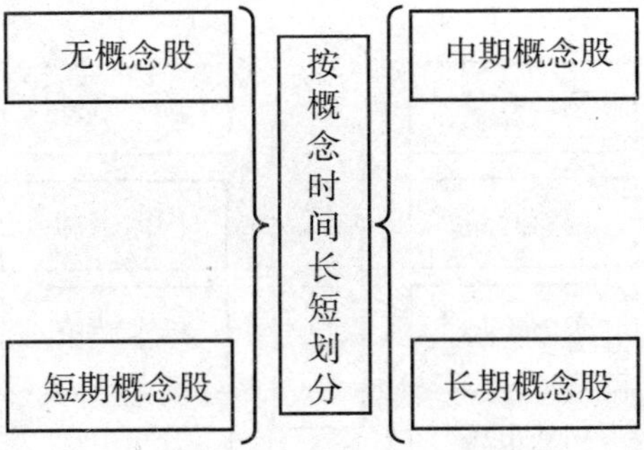

图 6-10　按概念持续时间长短来划分上市公司

例如，高分红就是短期概念，行业规划政策是中期概念，技术革新就是长期概念。不论是短期、中期，还是长期概念股，都是股价上升的催化剂，其中短期概念股多是短期强势股，中期概念股多是阶段性牛股，长期概念股多是慢牛股。上市公司是否为概念股，并不是一成不变的，概念用完了，就成了无概念股。无概念股受特定的利好刺激也会变成概念股，投资者要用辩证的观点来看待。

十一、按概念来源来划分

图 6-11 中，股市就是一个对各种各样信息敏感的市场，任何大一点的消息都有可能转化为一个概念，从而刺激某个或某类上市公司的股价。国外某个国家发布的某个政策也会影响到国内上市公司，例如，西方国家出台的一些对外贸易政策。国家政策指国家出台的各种经济政策和措施或股市政策，例如，4 万亿经济刺激计划、高铁计划、股权分置改革、印花税调整等。国内市场指国内其他商品或资本市场的价格波动，对相关上市公司也会产生影响。例如，上海商品交易所有色金属的价格连续上扬，就会刺激股市相关有色金属上市公司的股价上扬。国外市场指国外一些重要的商品交易所商品价格波动，也会影响到国内一些上市公司，例如，伦敦黄金交易所的黄金价格走势就影响着中国的黄金类相关上市公司。国外事件指国外突发的一些大事件，会影响到国内一些上市公司，例如，泰国发大水和美国大旱，刺激了国

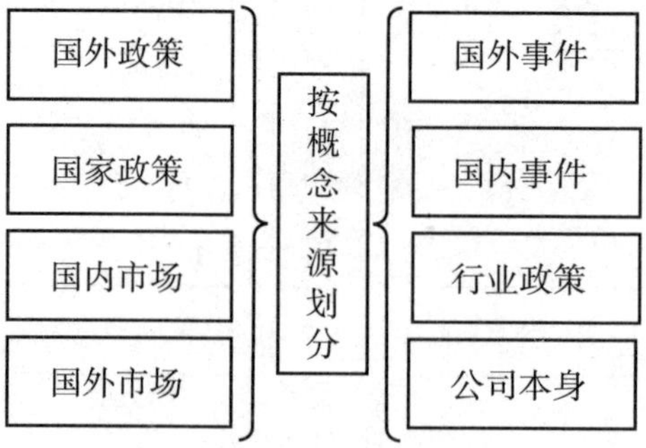

图 6-11　按概念来源来划分上市公司

内粮食类上市公司。国内事件指国内突发的大事件，刺激相关上市公司的股价，例如，雾霾天气影响了环保类上市公司的股价。行业政策指各个行业部门出台的利好。公司本身指来自于上市公司本身的利好。

按概念来源来划分上市公司也是一个动态的过程，每天都可能不同，要求投资者每天都要关注这些变化，着重分析这些概念来源的准确度、力度和影响力。

第二节　大牛股的识别途径

通过不同的角度对上市公司进行分类，可以让投资者在面对众多的上市公司时更有条理性。牛股是股市里的明星，是投资者竞相追逐的对象。既然是股市里的明星，就有着区别于普通股的特殊之处，下面就从以上 11 种分类入手，总结一下牛股的特殊之处。

◆第一产业是国家周期性政策支持产业，相关上市公司会出现周期性短期概念，股价可出现短时间的强势，出现长期大牛股的概率不大，属于抵御性股票。第二产业是过渡类产业，是兼并重组概念高发的产业，容易出阶段性牛股。第三产业是前景性产业，是国家未来经济增长的主要产业，容易出长期大牛股。

◆区域性上市公司受益于区域性政策，同行业上市公司受益于行业利好政策，容易出阶段性牛股。

◆大盘股在牛市可以成为牛股，在震荡市可成为阶段性牛股。小盘股和创业板在牛市可成为超级牛股，在震荡市可成为持续牛股，在熊市可成为阶段性牛股。

◆国资委控股的上市公司成为超级长期大牛股的概率最大，其他控股上市公司成为阶段性牛股的概率大。

◆绩优股和绩差转绩优股最受市场大资金亲睐，是大牛股的摇篮。绩差股是重组题材的集散地，是短期牛股的场地。

◆与大盘走势不同，有自己特点的股票值得注意，这些股都是黑马股的征兆。

◆新股可成为短期牛股的几率大，次新股成为大牛股的几率大。

◆主力扎堆或游资控盘的股票容易出各种各样的牛股。

◆股价越低，拉升的空间越高，出货也越容易，五元以下的股票最容易出十倍以上的大牛股。

◆关于概念来源，要从来源、持续时间和力度上重点分析。例如国家出台的某项政策概念来源可靠，持续时间长，力度强，重点是真拿真金白银支持某产业或地区，那么，十倍以上的大牛股就能出现在其中，而没有真金白银支持，只有政策刺激，就只能出短期翻一两倍的牛股。概念股拉升空间和时间与政策来源的可靠度成正比，与持续时间成正比，与真正获取的业绩成正比。

以上都是从定性角度来分析牛股来源，目的是为了投资者从宏观上更清晰地选取标的，有的放矢。有了标的，就可以具体研究标的的可操作性问题了，是短炒还是波段亦或是长期持有。

第 7 堂课

识 操 盘

第一节　交易操盘模式

一、交易的参与者

投资者进入到股市进行交易时，也许有人对股市还一无所知，也许有人对股票已经无所不知，但并不是一无所知的人就不会赚钱，无所不知的人就不会赔钱。有时一无所知的人和无所不知的人在某一时间段里还真的分不出胜负，原因就在于股票市场非涨即跌，一无所知的人以无知者无畏的精神和超级运气打败了无所不知的人，以至于一无所知的人就认为股市没有那么神，赚钱如此简单。但是经过一段时间，一无所知的人就把赚到的钱又还给了市场，并且等待他的命运只有一个——赔钱。

股市里每天都有涨停股，惹得那些眼热的人直奔股市而来，股市的这种现象就像到食堂里打菜，看着盛菜的大锅里排骨炖豆角上面尽是排骨，可是，当你真的花钱打了排骨炖豆角时，那位打菜的厨子给你打的尽是豆角，排骨在他的大勺上一抖就下来了，到你碗里的不过就那么一两块，而食堂排骨炖豆角的锅里看着依然是满满的排骨，那诱人的排骨就像是股市里的涨停板，吸引着无数人，大家都想吃到诱人的排骨，可是花了钱到手的却是豆角。这就是股市的魅力。一无所知的投资者和无所不知的投资者区别就在于，无所不知的投资者善于保护自己，在带刺的玫瑰上采蜜而不被花刺刺到，而一无所知的投资者则是直奔花蕊而去，蜜没采到，还被刺了一手血。

主力常把散户投资者称作一盘散沙，即使是大户，在他们眼里也只是虾兵蟹将。主力之所以会有这样的看法，是因为散户是一个松散的组织，各自独立战斗，随市场的大涨大跌而沉浮其中，谈不上什么交易策略或交易模式，有些甚至连起码的交易纪律都没有。市场里的主力根本不把散户当对手看，只是计划着如何引诱散户落入自己设计好的陷阱就可以了。每个主力都有自己的交易模式和交易策略，但从市场检验的结果来看，主力想要长期战胜市场或者跑赢大盘，也是天方夜谭，因为从国内外的市场来看，市场里的每一个交易者，不论是主力还是散户投资者，大多数都是输家，最大的赢家则是上市公司和从市场里攫取利润的市场中介服务者。

主力想要成为市场里的常胜将军，还不如一个散户成为股市高手容易。因为主力的将帅会随着业绩的高低而变动，没有一个高手将帅从一而终地在一家机构里干一辈子，顶多干几年后就因为各种原因离开，因此，也使得该主力的业绩处于不稳定的状态，长期统计来看，也就成为了市场里的输家。一家私募，从理论上讲成为长期的市场赢家是有可能的，因为他的主帅是可以干一辈子的，投资风格和策略都可以长期固定下来，获得长期的市场盈利是极有可能的。

二、什么是交易模式

不论是主力还是散户投资者，都想拥有一个稳定、长期有效的市场交易盈利模式，所以才产生了各种股票交易理论，但各种理论都有一定的适用范围，并且还得在你作出正确的市场判断之后才能应用这些理论。市场是多变的，虽然每天市场只有两个方向可走，但谁也不能每天都准确地预测到市场到底朝哪个方向走。同样是交易模式，也是仁者见仁，智者见智，谁的盈利模式都不是一成不变的，都是根据市场实践来不断完善的。

现今人们熟知的交易模式有价值投资法，也有市场讨厌的哄抬股价投机法，也有使用技术分析法的，也有用逆向投资法的，也有用趋势投资法的，也有用“量子”理论法等令人眼花缭乱的模式手法。在市场里获得成功的模式方法有很多，检验是否成功的唯一标准就是是否能够持续的盈利，所以，采用什么样的交易模式要完全符合自己的综合能力，只有这样才有可能成功地应用某种交易模式。

交易模式的确立一定是在深刻认识市场的基础上建立起来的，这可不是一两天的功夫。也就是说，投资者必须先要了解和熟知市场后，才能够应用你所掌握的理论或是总结自己的经验教训，万不可邯郸学步、东施效颦，照搬照抄别人的理论。

第二节　价值投资操盘要点

一、价值投资源点

价值投资法认为，一家企业不论是好是坏，都有一个核心价值，即实体价值，而资本市场上体现的是该企业的虚体价值。虚体价值是实体价值的衍生和扩展，实体价值最终影响着虚体价值，而虚体价值则始终围绕着实体价值上下波动。找到一家实体价值不断上升的公司，在虚体价值低于实体价值时择机介入，然后长期持股，享受实体价值增值带来的投资收益。这一投资法是从市场的本质出发来投资的，符合客观市场的要求。这一投资法的提出人是格雷厄姆，发扬光大的是他的学生巴菲特。

国外的股票市场里大多数上市公司都质地优良，可成长性高，一些业绩垃圾股早已被市场抛弃，退出股市舞台。国外的上市制度是市场化、备案制，看重成长性，不要求一定要盈利才能上市这一硬性条件，所有这些条件都给一些高成性企业的发展初期提供了良好的生长土壤，才使得人们在美国股市看到了一些伟大公司的诞生，例如，微软公司和苹果公司等。价值投资法在中国股市的应用不如在国外市场顺利，中国股市里也有一些所谓的价值股，例如贵州茅台、万科、深发展、海尔等，纵观这些企业的发展壮大，都是一些行业的大消费周期股，它们的壮大成长其实就是一部改革开放后经济需求迅速扩张而带来的强消费的结果，名义上是受益于经济的高速发展，其实是时代发展造就的一批企业。经过四十多年改革开放的发展，如今，保持经济的稳定发展是当今经济政策的主要方针，工业处在不断的转型和变革中，居民的消费意识也不是那么低层次了，再回过头来看，这些经过极度发展的公司能否经受住未来饱和后的低消费周期的来临，成为他们生存的关键，而继续膨胀发展的可能几乎为零，因为市场对于这些强周期股的边际消费越来越低。

二、浪潮下的民营资本

在民营资本的发展中，一些能引导科技创新的小民企，资金不足和融资困难成了他们快速发展的绊脚石，而想要通过上市来融资简直是难上加难，高昂的发行费用和复杂的上市审核制度，将他们推出了上市的大门。还有一些小民企通过财务作假的手段来上市，一旦上市即露出了阴险的嘴脸，如何使自己的腰包在上市这面大旗下鼓起来，成了他们唯一的斗志，先前的企业辉煌愿景，现在只不过是拿出来给无脑的投资者看看罢了。

每一次的产业和科技革命都会诞生出一些伟大的公司，微软和苹果就是抓住了时代科技浪潮的宠儿，并在资本市场里获得了肥沃的土壤。在中国其实也有一些类似的科技浪潮下崛起的公司，遗憾的是他们没有一家在内地上市，比如腾讯、百度、阿里巴巴、网易、搜狐等互联网领军企业。为什么他们不能在内地上市？是高昂的发行费用和僵硬复杂的上市规则将他们拒之门外，他们的生存发展壮大都得益于私募股权基金。这些公司在私募股权基金的土壤里得以几何般地壮大发展，而发展的最大受益人也是这些有着战略眼光的股权投资者。作为一名股票市场的投资者，根本就分享不到这些领军企业发展所带来的丰厚利润。

一家超级企业的诞生是需要多种条件的，从国际产业环境上来看，一个新的产业已经萌动；从国家政策来看，一定是国家鼓励和支持的；从行业来看，一定是能够引领行业变革创新和有发展前途的产业；从企业自身来看，一定有一个灵魂级的精神领袖能够带领团队抓住产业变革浪潮顺势而为，天时、地利、人和，超级企业就是在这样的机遇和环境里脱颖而出的。但在中国股市培养出这样的超级企业似乎很难，在产业变革中，国企表现出了创新无作为，上市民企抓不住机遇，抓住了机会的民企又因没钱上不了市。

投资股票不能不重视一家上市公司的实体价值，既然找到一家能够长期持续稳定发展的公司很难，那么，在关注实体价值时，未来三到五年的实体价值评估就成了可关注的分析对象，以此来合理调整持股时间的长短。而实体价值的分析，可以重点关注该上市公司的净利润、净利润增长率以及净资产、负债率、现金流等财务定量指标，还要关注该公司的领导人风格、公司所处的行业地位、公司的发展战略以及资金背景是否强大等定性指标，最后就是要关注该公司所处的行业状况以及国家出台的引导政策等宏观环境指标。

三、价值投资法应用的注意事项

◆需要投资者掌握一些必要的经济学知识和财务知识，并且能灵活应用。

◆需要投资者对每个行业都有所了解，然后找到最熟悉的行业和优秀的公司，进行实体价值和虚体价值的评估。

◆介入的时机非常重要，否则会抬升建仓成本。

◆在股灾和经济大萧条时期，股市就是一个“覆巢之下，安有完卵”的状态，有价值的上市公司股价也会随着市场的恐慌而急速下跌。

◆不要迷信巴菲特，他的成功，有一部分原因是美国长达几十年的牛市造就的，没有应用价值投资法的美国众多机构和投资者，在此期间也都获利不浅。

◆当你所投资的标的公司基本面突变，要做好撤出的准备，寻找下一个白马股。

◆要有一定的心理承受能力，不要在市场调整时乱了分寸。

◆ A 股市场中真正的白马价值股不多，要及时分析财报，找出矛盾点，方可排雷。要不然，类似康得新、康美药业、东阿阿胶、大族激光等所谓白马股暴雷，会让你损失惨重。

第三节 技术分析操盘要点

一、技术分析源点

现在所指的技术分析，是根据市场表现而做出的归纳总结，并指导未来的交易策略。现有的技术分析模式主要从股价的走势趋势、交易量的多少、K线组合形态、各个板块和大盘的K线表现以及历史K线轨迹等方面进行分析。技术分析主要从市场的角度出发，认为一切利空和利好最终都要化作K线，等待市场的检验，而投资者根据市场的表现来决定是否参与股票交易。真正的技术分析是有用的，对市场的预测准确率也是相当高的，并据此来指导操作。

这里所指的技术分析绝不是有些投资书里所指的什么几日均线、MACD、KDJ等一些量化了的指标。这些指标可以让你避开市场大幅下跌所带来的损失，但如果想靠这些指标来赚钱的话，可就大错特错了，一旦市场走向震荡，或是缓慢上涨和缓慢下跌，亦或总是回调的上涨和总是反抽的下跌时，这些指标就现了原形。不要错把某个或几个指标当成了技术分析，反过来想一想，要是能够应用每个交易者都能随时看到、随时应用的几根K线或几个指标就能长期赚钱的话，市场里也就没有了输家。

现在还在应用一些指标作为主要炒股判断工具的一小部分投资者，主要是一些新股民或是没有找到其他分析方法的散户投资者，有些投资者甚至还专门研究这些指标的使用，有一些图书和网站也在教投资者如何应用好一些指标的技法。这些做法都是将投资者引向了投资的歧途和死胡同，市场的结果会告诉你，即使已经对指标的应用非常熟练了，你也许能赚一些钱，但永远不会赚大钱，因为应用指标本身就是“一叶障目，不见泰山”，只能在低等次的散户投资者中徘徊。

二、技术分析法应用的注意事项

- ◆不要单纯地把单个指标和多个指标当作技术分析，因为他们是指标点，而不是技术点。
- ◆不要迷恋所谓技术分析中的某一个技术点，例如什么形态、什么支撑点和压力点等，一定要综合分析。
- ◆历史上发生的K线走势，有可能会再次发生，但不会发生跟以前一样的走势和K线，一定要变通地来看。
- ◆突发事件或市场系统性风险来临时，一切技术指标将失灵，不要陷入什么金叉、死叉、多头、空头、旗型、岛型等单项指标点的思维。
- ◆不论什么技术分析、技术指标要点，都不是万能的，不但要知道它的适用范围，也要知道不适用的范围。
- ◆一般技术分析投资者用背离率来修复技术分析不适用时的情况，但应用背离率的最大问题是，背离率本身的时间持续长度不可度量。
- ◆当技术指标失灵时，说明市场本身必定处于窄向波动震荡，所以，要从市场的整体运行趋势加以分析定性，以用来弥补技术分析的局限性。
- ◆技术分析要求投资者用大量的时间来操盘、看盘和复盘，这样才能提高技术分析水平。

第四节　趋势投资法操盘要点

趋势投资法要求投资者能够敏锐地判断市场处于什么样的状态，使其投资交易活动随市场而动。当市场处于反弹或是反转时就积极介入，当市场处于下跌或回调时就及时撤出。

趋势投资法的判断方法因人而异，有人应用经济和行业状况来判断，而有人就只分析客观市场而做出判断。趋势投资法主要还是根据市场处于左侧或是右侧而指导操作交易。能够很好地应用趋势投资法的投资者，一定有着很好的技术理论功底和丰富的实践经验，以及长期看盘而得到的盘感，才能在市场处于某个方向的拐点时，依据市场做出正确的交易决策。一般投资者还不能够应用趋势投资法，因为它需要投资者具备较高的综合能力，这个综合能力不仅仅是综合的市场基本面和盘面技术分析能力，还和投资者的学历、家庭、阅历、学识、经历等息息相关，可以说，趋势投资法是一个集大成的投资法，是一个投资者一辈子都要研习的投资法。

应用趋势投资法的注意事项如下。

◆趋势投资法的精髓是跟随市场走势操盘，千万不要根据技术指标来操盘，也不要把某一技术指标的波动当作趋势来操盘。

◆趋势投资法没有什么有效的公式或指标，主要是凭借投资者自己的综合技能来判断市场，切记生搬硬套某一理论。

◆趋势投资法应用的第一点，是必须给当下的市场状况做出明确的定义，并进行短期趋势推演。

◆做趋势之前，要明确这波趋势是什么级别，适合短线、波段还是中期持股操盘。

◆当趋势错判时，要及时地纠错，切不可有任何侥幸心理，及时止损，是趋势操盘的必修课。

◆做趋势判断前，还要同时具备证实和证伪的判断策略，只有这样，才能达到最佳的操盘心理状态。

第五节　反向投资法操盘要点

反向投资法也称为恐慌买入法，认为市场一旦达到恐慌的极点，也就是卖过头时，市场会进行修正，此时买入的话，就是抄了底，获得短线或阶段性投资的机会。

反向投资法需要应用此方法的投资者具有超理性和丰富的投机经验，因为一旦判断失误，短期投资也会招致亏损。反向投资法不是普通投资者想象的那样，市场一大跌，就全仓买入了，名曰“别人恐惧我贪婪，别人贪婪我恐惧”，殊不知市场远未跌透，自己做了个左侧交易，亏损是必然的。此方法一般是在出现突发利空或重大事件时，市场出现了极度恐慌，短短数日股指就跌去 10% 到 20%，市场出现了极度不理智的情况，投资者认真地进行了市场内外的分析，再决定用多少仓位介入，达到预期收益后，不可恋战，因为市场在大幅反抽后，会进入缓慢的阴跌来继续调整。

在市场向好时，某家基本面一直不错的公司，突然遭遇重大利空，致使股价在短时间内大幅下跌，在分析这家公司后，认为在重大事件过后，这家公司有能力恢复正常的经营和发展时，也可应用反向投资法，抄底介入，等待股价的恢复性回升。投资大师彼得・林奇也应用反向投资法来投资这种类型的上市公司，并且获得了不错的成绩。

还有一种情况可以应用反向投资法，当市场处于大熊市末期，此时市场的交投冷清到了极点，多数股票都没有多少交易量，但股价仍然在大幅下跌，对于一些资金量超大的主力机构，此时就是阶段性建仓的良机，最终就是抄了市场的多年大底。

应用反向投资法的注意事项如下。

◆一般散户投资者不宜应用此法，因为一般散户对市场分析拿捏得不准。

◆在市场突现重大利空，出现恐慌性抛盘时，此法对介入的仓位也有要求，为了避免遭遇大亏，一般最高半仓介入，持股时间也就短短几日，属于超短线。

◆对于突发利空的上市公司，散户投资者可在股价止跌，趋于缓慢上涨时买入，没必要判断最低点来抢筹，因为你抢不过主力。

◆大熊市末期，如果应用此法，一定要用塔尖到塔底的倒金字塔式建仓，否则你的建仓成本依然会很高，并且被套的日子也会很长。

◆当垃圾股连续大跌时，不要把垃圾股当成逆向投资的标的。

◆最适合反向操盘的股票，是错杀的白马股。

◆反向操盘法不适合大熊市初期，大熊市中期要甄别地用，大熊市末期可以应用此法。牛市中适合回调时应用。

◆反向投资法要求投资者不但要关注 A 股走势，还要关注世界市场，比如美股、美原油、美棉、伦敦铜、伦敦金以及日橡胶等市场，因为这些市场的走势对 A 股或相关股票有着直接或间接的价格走势影响。

第六节　量子及可塑理论操盘要点

量子投资法是投资大师索罗斯自创的投资方法，是根据物理学里的一种现象所引申出来的概念性投资方法，因为是自创，所以只有他本人能更好地应用此法。索罗斯曾经出书介绍过量子投资法，但有关介绍也都是非常晦涩难懂的语言，所以，能够理解和应用的投资者很少。现在市场里有人宣传用缠论法来投资股市，所谓缠论也是源于物理学的量子缠绕理论，该理论好像是唯一能和量子理论沾边的投资方法了。至于缠论投资法的实操结果如何，还不能做判断，毕竟还没有出现投资者公认的缠论投资大师。

可塑理论认为股价波动取决于主力机构做多与做空的意愿，因为只有主力机构才能带动和打击市场人气。而主力机构做多与做空的意愿一方面要考虑大盘的因素，另一方面要考虑目标股可塑性的大小，因为股票的可塑性大小，直接影响到主力操纵股票的难易度。所谓可塑性，是指股票具备主力随意操纵的条件，这些条件包括不利因素与有利因素两个方面。这样主力就可以根据不同操作时期的需要，随意塑造和改变股票的形象，达到诱导散户的目的。

可塑理论是从市场资金主力的角度出发来阐述股票的上涨和下跌，但它忽略了股票上涨的本质是由经济和上市公司业绩向好引起的，一只股票即使没有主力介入，也会涨到市场的整体平均涨幅。应用可塑理论，要求投资者对市场主力的投资行为要有深入了解，以及对主力介入股票后 K 线的走势形态分析到位，这就要求投资者必须有一定的看盘功底和综合的知识技能。

对于这两种投资方法，普通投资者简单了解一下即可，不建议做深入研究。

第七节　随机漫步理论操盘要点

随机漫步理论认为，股票市场内的参与者众多，并且每个参与者都是非常理性和聪明的，每个参与者都会进行自我认知的分析与操作。市场上的一切公开信息都可以被查到，每个参与者都可以随时拿来分析，所以，公开的市场信息从这一点来看，又是没有什么秘密和价值可言的。

该理论认为公开的市场信息对股价的波动没有影响，因为现行股票价格就已经充分反映了所包含的一切公开信息，同时也反映了当下的供需关系。比如，所谓内在价值的衡量方法就是由每股资产值、市盈率、派息率、每股净资产收益率等基本条件决定，而这些条件都可以在上市公司定期发布的财务报告中找到。根据当前的一切公开信息，一只股票的价格就是现行的合理价格，因为当下不会有人出更高或更低的价格去交易，这是市场众多参与者合力的价格看法。股票价格会围绕着内在价值上下波动，这些波动是随机的，也没有任何轨迹可寻。

随机漫步理论只是解释了股市中的一种现象而已，它没有从股票的本质入手来研究分析，从而否定了所有关于股票涨跌的理论，进而也使得该理论认为股市是无规律的，是不可知的，是股市不可知论的代表理论。因而它没有什么实践意义，就是一种股市理论假说，所以，投资者不要信以为真，就当开个眼界而已。要知道，不管什么事物，都有自己的内在运行规律，人类是可以探知的，这是马克思主义哲学世界观的基础。

亚当理论同样认为股票市场是不可测的，也是不可预知的，认为没有任何分析工具可以绝对准确地预测股市涨跌，亚当理论的精华就是指导人们要抛弃所有的主观分析工具，以空白的姿态投身到市场里去，跟随市场的脉络，顺势投资，顺势而为，才能把风险降到最低。这一理论强调“无招胜有招，趋势最重要”。

投资者需要注意亚当理论的矛盾性。

◆该理论本身就自相矛盾，一方面强调市场不可预测，没有任何分析工具可以精准地预测涨跌，另一方面又强调操盘股票要顺势而为。没有对大势的综合分析和研判，又何来顺势呢？由此可见，亚当理论只是承认了市场趋势是真实存在的。

◆趋势有大中小之分，波动也有高低之分，所以，要想吃掉所有趋势，那也只是存在于理论当中，实践中是不可能的。

不论是随机漫步理论还是亚当理论，都是人们想从其他方面探求股市的运行规律而已，有些理论对实操有所帮助，有些理论虽然对实操没有任何帮助，但帮助投资者打开了分析的视角，对于从多重角度去分析股市运行规律，还是大有裨益的。

第八节　反向共振投资法操盘要点

关于反向共振投资法，是笔者通过应用创新理论和长期投资实践总结出的一种投资方法。该方法提到的“反向”与反向投资法有一定的相同之处，即市场处于单边下跌或是恐慌下跌亦或是上涨时的正常回调时，判断市场的最佳介入点，然后根据共振法则选择标的股来进行投资。这里所指的共振，取自物理学中的共振效应。我们知道，当整齐列队的士兵徒步过桥时，有可能因为步伐和桥的共振而使桥梁倒塌，而在一只股票上，如果发生许多利好或是利空的话，该股就有可能成为大牛股或是大熊股。

共振的源点一般可分为国际上的某些利好、国内政策或经济上的利好、行业上的利好、公司层面上的利好、市场里的技术形态达到多头利好等，一旦这些利好集中在某一时间点里重叠爆发的话，该股就会产生共振效应，股价会连续不断地上涨。如果没有几个利好的同时叠加，只有其中一个利好发生的话，一定要判断该利好的源头、力度、持续的时间等，再决定是否介入。如果是产生了多重共振的话，可连续地全仓介入，如果是单一的共振，根据强弱状况，最多不超过三分之二的仓位介入。投资者万不可理解为一看到媒体关于某股的利好消息，就急着早盘买入了，那样做的话，就有可能被套了。

关于此投资法这里不做过多介绍，笔者只想给投资者提供投资股票市场的另一种思路，有兴趣的投资者可以沿着这个思路去分析研究。

不管哪种交易模式或理论，都不是完美无缺的，它们之间也是取长补短的关系，投资者要加以分析，再为己所用。

第九节　散户操盘模式要点

一、成功操盘的要点

一些主力或是大师或某些股评人士，都不赞成用交易模式来定义散户的投资交易，在他们看来，散户根本不需要什么交易模式或者散户投资者的交易根本达不到模式交易的程度。笔者非常不赞同此观点。不能因为资金量的大小而对盈利方法做不同的区分，大资金有大资金的盈利模式，小资金有小资金的盈利模式，有时大资金的盈利模式不适合小资金，同样，有时小资金的盈利模式也不适用于大资金，“尺有所短，寸有所长”。而两者相同的地方，就是不论大资金还是小资金，在股票市场里的缩水速度是一样的，即十亿元变成一亿元和十万元变成一万元的速度是一样的，不是因为你是十亿元的大资金，缩水速度就慢一些。股票市场从不怜悯任何一个交易者，不管你是机构还是散户，大概这就是资本市场里最公平的地方吧。

散户投资者如何才能找到适合自己的交易模式呢？以下的路是必须要走的，甚至可以说是不可逾越的。下面就是一个成功交易者的必经之路。

◆从学习股市的基本知识入手，逐渐学习完股市的各种理论。

◆对股市的交易规则必须了如指掌。

◆应用所学的理论，不论对错，都要亲自检验。

◆认真学习股票市场的历史和 K 线的走势历史，加以总结，以史为鉴。历史是一面镜子，会给你许多启迪。

◆做失败的投资总结和分析。

◆做成功的投资总结和分析。

◆尝试构建自己的看盘理论和选股原则。

◆不断地对自己构建的理论进行修正，使投资的准确率越来越高，这一过程是伴随着投资生涯的，没有时间表。

以上是一个散户投资者想要获得成功的必经之路，是一个大方向的理论指导，只要你想在股市中有所收获，就执着地走下去吧。

二、散户常见的错误操盘模式分析

散户投资者最常见的错误交易方式如下。

◆买入后即长时间持有。这类散户投资者不是新股民就是盲目信奉价值投资，亦或是本来做短线的散户投资者，从小亏到大亏，逐渐被套牢，被迫从做短线变成了中线或长线。

◆频繁地换股和操作。虽然炒股的时间很短，但从总体仓位来看，一直也没有空仓闲着。这部分投资者有死多头的倾向，害怕错失市场里的每一个机会。

◆高买低卖或高买被套被迫等解套。这类散户投资者是属于胆小没耐心而又怕踏空的那部分交易者。

◆低买不高卖。这部分投资者是属于谨慎型的，因为分不清市场每次是反抽还是反弹或是反转或是大行情来临，匆匆获利了结，害怕获利回吐，所以每次都赚不到什么大钱。

◆只要交易被套，就不止损，被动等待解套。这类散户是幻想主义者，因为被套，就一厢情愿地盼股价涨回来，根本不会分析市场短时间上涨的概率有多大，思维变成了死多头。

◆一旦被套就采用补仓法来降低持仓成本，盼着早日解套。其实这种方法是愚蠢的，补仓法看似降低了持仓成本，其实也是巨亏的罪魁祸首。

以上就是散户投资者最常见的交易方式，也是最容易招致损失的交易方式，散户投资者不妨看看以上这几条里有没有你曾经或是现在正在使用的，如果有的话，就要注意了，是时候改变你的交易方式了。

三、散户持股数量分析

股市处在牛市和熊市时，交易模式是不一样的，不同的资金量和不同的投资水平，交易模式又是不一样的，不同的风险承受能力，资金管理模式也是不一样的。投资者的资金量可以划分为五个等级，资金量在 10 万元以下的投资者为小散，10 万元到 50 万元的为中散，50 万元到 100 万元的是大散，100 万元以上为超大散。

投资者的风险承受能力也划分为五个等级，投资浮亏达到 2% 就惴惴不安的，为超保守型，即 1 级；投资浮亏达到 4% 就心慌的，为保守型，即 2 级；投资浮亏达到 6% 才心慌的，为适中型，即 3 级；投资浮亏达到 10% 才心慌的，为激进型，即 4 级；投资浮亏超过 10% 都不心慌的，为超激进型，即 5 级。

不同资金量的散户投资者最佳炒股家数，如图 7–1 所示。

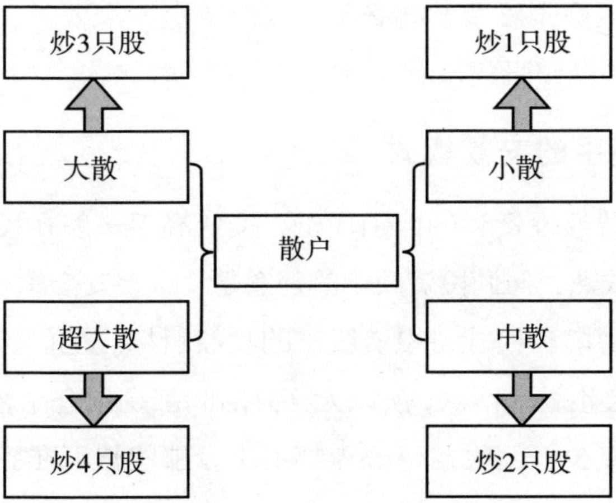

图 7–1　散户炒股家数图

图7-1中，散户投资者最佳炒股家数是与其资金量相匹配的，十万元以下资金量的散户投资者适合炒一只股，这样可以集中火力，胜算的概率要大一些，不然本来就不多的资金一分散就没了，“鸡蛋不要放在同一个篮子里”的投资理论，不适合小资金。而其他资金量的散户投资者可以相应地增加炒作的股票，哪怕你有几千万甚至上亿元资金，建议炒股数量最多也不要超过4只，因为4只股票已经足够用来躲避个股出现的系统性风险了，并且4只股票不多不少，不论盘面出现任何情况，都能应对自如，4只股票也有利于投资者长时间的研究和跟踪，慢慢地就会对这4只股票的股性有非常透彻的了解。

没有不赚钱的股票，只有不赚钱的操作，不分市场环境、资金实力和自身的强弱点，只是一味跟着感觉来买卖股票，那结果只有一个，就是本金不断地缩水。做过期货的人都知道资金管理的重要性，因为他们都经历过资金管理不善导致爆仓，而大部分股民朋友却没有这个概念，本来就没多少资金，还在市场环境不利的情况下进行满仓操作，虽然没有像期货那样爆仓，但总是被深套。

市场环境、资金实力、资金管理能力、选股水平和风险控制这五大投资要素是一个不可分割的整体，忽视其中任何一个，都可能导致巨额亏损，所以，想要大概率成功地操作股票，就必须认真对待这五个要素，做好全方面的战略准备后，才能去操作股票。

四、操盘高手的交易模式

投资高手与普通投资者的区别在于，投资高手一般在投资理论和实战经验上都已经相当成熟，他们投资股市的理念是“本金安全第一，收益第二”，连续、稳定的复利增长模式是投资股市的收益目标。他们深知，一年中股市可以操作的大机会也就一两次，所以大部分时间都是空仓休息或是满仓等待，操作的次数少之又少，但收益可一点都不少。那些整天在股市里进行短线操作或是不肯放过任何机会的投资者，到头来收益并不多，结局大多是亏损或深套。炒股的最高境界就是炒时间、炒耐心、炒自律，你或许不理解，但没关系，随着股龄的增加，总有一天你会理解的。

投资高手的交易模式，如图 7–2 所示。

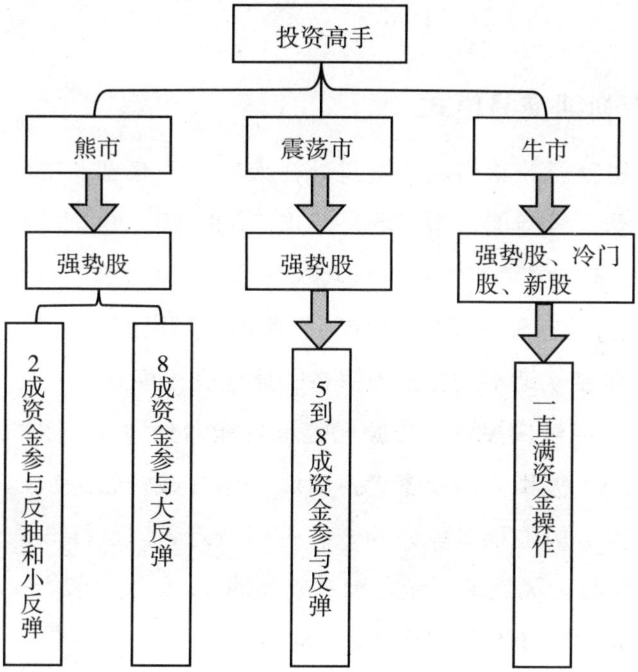

图 7–2　投资高手交易模式

由图 7–2 可知，投资高手不论是在熊市、震荡市和牛市，选择投资的标的股都有强势股，只有在牛市时选择的是强势股、冷门股和新股，资金管理模式也不一样，2 成资金参与熊市反抽或小反弹，8 成资金参与熊市大反弹，5 到 8 成资金参与箱体震荡市，满仓参与牛市。熊市和箱体震荡市以及牛市初期选择强势股作为标的股无疑是最好的选择，因为股市里一直上演着不变的传奇，就是强者更强，弱者更弱，唯一特例的就是熊市大底，因为物极必反，熊市大底里的最弱势股有可能成为大牛市里最牛的大牛股，所以，在牛市初期，我们仍然选择强势股，在牛市中期和后期选择前期涨幅不佳的弱势股（冷门股）或新股反而是最佳的选择。

第十节 牛市时最佳操盘模式

一、牛市初期交易模式

牛市初期也就意味着市场环境是处在大熊市的底部，市场出现大部分抄底资金后，带动人气增加，使市场开始走高的时期。此时虽然不断有抄底资金介入，但投资者的情绪依然没能从大跌的阴影中走出来，依然不看好后市，信心不足。此时，到底应该怎样操作，困扰着不同类型的投资者。

图7–3为牛市初期不同类型投资者的最佳交易模式。

图7–3中，将散户投资者按照风险承受能力分为5个不同的等级。风险承受能力较小的1级和2级投资者，可以先用2成资金进行建仓，买入绩优大盘股或中盘股。风险承受能力为3级的投资者，可选择5成资金来建仓，买入绩优中小盘股。风险承受能力相对较强的4、5级投资者，可选择用8成资金来建仓，买入题材热门股或绩优小盘股。

待底部确认，向上趋势确立时，所有不同风险承受能力的投资者可加仓至10成，即满仓持股。当股指攀升到一定高度后，大部分成功抄底的投资者都有了不小的获利，而市场向上的动力明显不足，获利了结或轻套后解套的投资者，卖出动力明显。此时市场处在回调阶段，股指处于顶部区域，风险承受能力较小的1级和2级投资者，可以先减仓8成，而风险承受能力为3级的投资者，可选择减仓5成，风险承受能力相对较大的4、5级投资者，可以减仓2成。虽然股指处在阶段性顶部区域，但会有一些股票选择在此时做阶段性拉升，获利丰厚，所以，相对于风险承受力弱的投资者来说，风险承受力强的投资者可能会获得较大的收益。当阶段性顶部确认时，所有散户投资者可全部清仓，空仓等待回调结束。

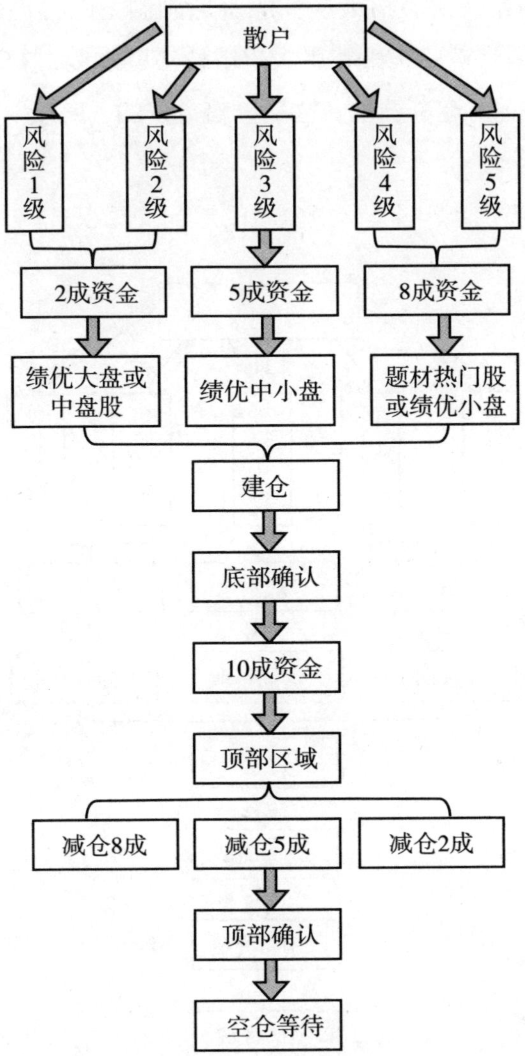

图 7-3　牛市初期交易模式

二、牛市中期交易模式

当牛市初期第一次大反弹时，大多数投资者都不会认为是牛市来临，而认为是大熊市的反弹，当股指小幅回调震荡后逐渐企稳，而后开始逐渐走高，市场信心开始恢复，抄底资金疯狂涌入，被套资金不再轻易斩仓，市场犹如进入无人之境。但第一次股指大反弹回调后刚向上时，投资者会表现出犹豫不决的情绪，他们依然对股市即将进入牛市持怀疑态度，总是频繁操作和换股，做短线交易。市场走势逐渐向上，这是毋庸置疑的，所以，不要害怕和犹豫，做好准备去交易。

图 7–4 为牛市中期不同类型投资者的最佳交易模式。

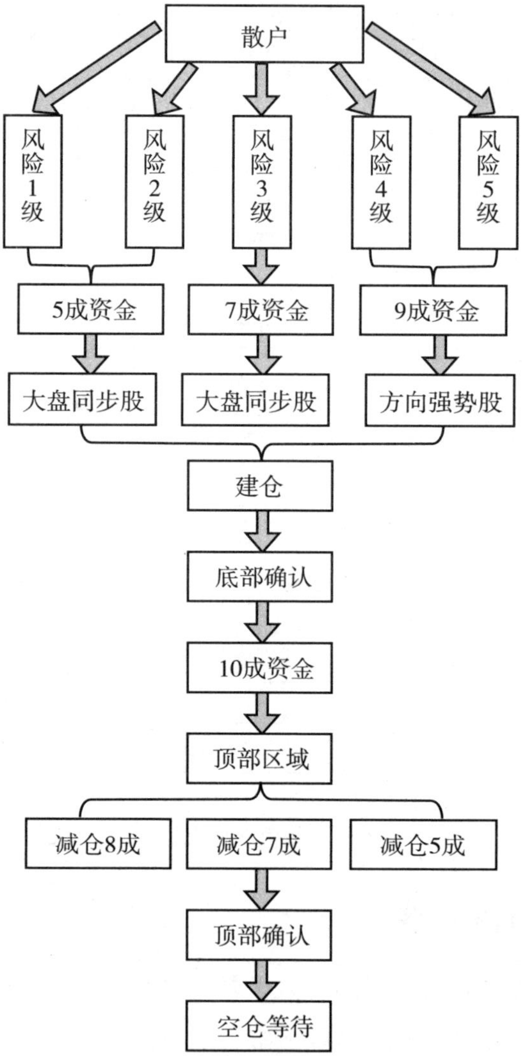

图 7–4　牛市中期交易模式

图 7–4 中，根据散户投资者不同等级的风险承受能力，风险承受能力较小的 1 级和 2 级投资者，可以先用 2 成资金来建仓，买入同步大盘股，风险承受能力为 3 级的投资者，可选择 7 成资金来建仓，买入同步大盘股，而风险承受能力相对较强的 4、5 级投资者，可选择用 9 成资金来建仓方向强势股。待底部确认，向上趋势确立时，所有不同风险承受能力的投资者可加仓至 10 成资金，即满仓持股。

股指整日攀升，已经有非常大的涨幅后，市场处于信心十足的状态，以前熊市被深套的也已经解套，轻套或成功抄底的投资者都有了不错的收益，获利落不落袋成了困扰投资者的最大难题。当股指快要接近超强压力点时，市场就会出现分歧，部分投资者开始甩卖股票，落袋为安。此时股指处于压力顶部区域，风险承受能力较小的 1 级和 2 级投资者可以先减仓 8 成，风险承受能力为 3 级的投资者可选择减仓 7 成，而风险承受能力相对较强的 4、5 级投资者可以减仓 5 成。因为股指处在压力顶部区域，市场随时都有可能出现恐慌性抛售，安全起见，不管是何种风险类型的投资者，都要在此区域大幅减仓，只保留手中的强势股即可。当压力顶部确认后，就可以全部清仓，等待牛市中期的回调。

三、牛市末期交易模式

牛市中期大幅震荡回调后，市场就进入到了牛市的最后环节，也就是牛市末期。此时整个市场是疯狂的，尽管股市已经出现了较大泡沫和监管层不断的风险警示，但依然压不住人们的热情，大把大把的钞票不假思索地投进了股市，开始幻想着更大的利润。

牛市末期时，几乎所有参与的投资者都赚钱，只是赚多赚少之分，让投资者感到不安和焦虑的不是股指能否继续上升，因为他们似乎根本就不担心这一点，而是焦虑相比别人赚得少了。“上帝让你灭亡，必先让你疯狂”，这是牛市末期的真实写照。

牛市末期的各个指标都显示股票价格已经严重脱离了其实体价值，此时投资者在投资时就应该时刻关注盘面和政策的变化了，因为牛市之顶随时都可能到来，表现特征之一就是最后冲高后的连续暴跌。只要股指向上，就可以操作，但要时刻注意盘面的变化，随时做好出逃的准备。牛市末期这一阶段，是最赚钱的一个阶段，因为会有冷门未涨多少的股票和新发行的股票开始了表演的时刻，当然还有一些强势股也会做最后的表演，所以，不能因为害怕就不敢参与或轻仓参与，如果这样做的话，将会失去一个最好的赚大钱的机会。没有人知道最后的顶部在哪里，但市场会告诉你顶部的来临和确认，所以，你所做的就是全力以赴地做最后一搏，并且时刻防范风险。

图 7–5 为牛市末期不同类型投资者的最佳交易模式。

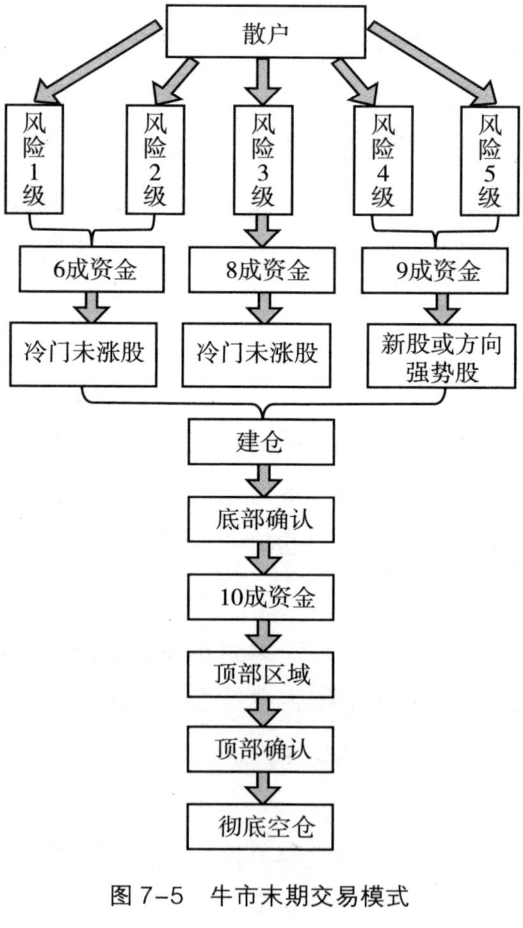

图 7–5　牛市末期交易模式

图 7–5 中，散户投资者分为 5 个不同等级的风险承受能力。风险承受能力较小的 1 级和 2 级投资者，可以先用 6 成资金来建仓，买入冷门未涨股，风险承受能力为 3 级的投资者，可选择 8 成资金来建仓，买入冷门未涨股，而风险承受能力相对较强的 4、5 级投资者，可选择用 9 成资金来建仓方向强势股或新股。待底部确认，向上趋势确立时，所有不同风险承受能力的投资者可加仓至 10 成资金，即满仓持股。

股市在中期大幅震荡回调后会逐渐企稳，并且开始了最后的狂轰滥炸。此时最需要投资者冷静对待，不要害怕，在回调的底部建仓，等到市场上所有股票都在最后阶段高涨后，就可以彻底清仓了。牛市末期阶段，市场里再也找不到没有大幅拉升的股票了，就连刚上市的新股也会在最短的几天内连续拉升做板，一旦所有股票的上升动力不足，也就预示着一场大风暴即将来临。

第十一节　箱体震荡时最佳操盘模式

箱体震荡市是指股指在一段时期内在一定的指数区间上下震荡的走势，分为上涨时期的高位箱体震荡和下跌时期的低位箱体震荡。不管是哪种类型的箱体震荡，对于散户投资者来说，都是一件非常头疼的事，因为股指总是上蹿下跳，有种摸不清市场脉络的感觉，不知道该怎样来做交易，有些投资者还总是进行高买低卖的错误交易。其实在经历箱体震荡市时，大可不必惊慌，首先要观察市场，不要去做交易，等箱体震荡市的第一个箱顶和箱底产生后，就可以去制定投资策略了。

图 7–6 为箱体震荡市时不同类型投资者的最佳交易模式。

图 7–6 中，散户投资者分为 5 个不同等级的风险承受能力。风险承受能力较小的 1 级和 2 级投资者，可以先用 2 成资金来进行建仓，买入大盘同步股，风险承受能力为 3 级的投资者，可选择用 8 成资金来建仓，买入大盘同步股，

而风险承受能力相对较强的4、5级投资者，可选择用9成资金来建仓方向强势股。待箱底确认，向上趋势明显时，风险承受能力较小的1级和2级投资者可增加到4成资金来操作，风险承受能力为3级的投资者可加仓至6成资金来操作，风险承受能力相对较强的4、5级投资者可加仓至8成资金来操作。待股指逐步走向箱顶时，所有不同风险类型的投资者可以逐渐清仓，这样就完成了一个小波段的操作，等下次股指下行到箱底并且又转向向上时，就可以进行下一轮的重复操作了。

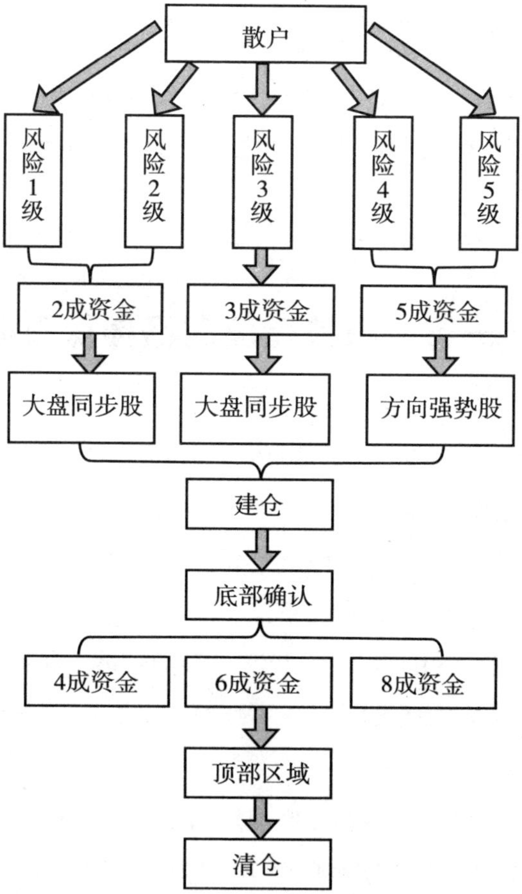

图7–6　箱体震荡市时投资者的交易模式

需要注意的是，箱体震荡市只是市场走势中出现的一种走势，表明市场多空双方在此区域点位上的争斗，争斗的结果一定会有一方胜出，股指突破箱顶继续向上攀升或者是股指跌破箱底开始新一轮的下跌，所以，投资者在此箱体区间做交易时，不可久战，在箱顶和箱底阶段都要耐心观察，市场有无冲破次箱体的动力，进而制定操作战略。

第十二节　熊市时最佳操盘模式

一、熊市初期反弹

在牛市结束后，熊市初期的第一大反弹，会有一部分投资者认为牛市还没有结束，此时是一次大的牛市回调而已，这部分投资者日后就有可能套在此反弹区域了。

区分是牛市回调还是熊市初期的反弹，主要是看市场的整体表现，此时的反弹会有一部分板块反弹很快，且一部分个股有可能继续创新高，但市场的大部分板块反弹都非常弱，有种随行就市的感觉，所以，一旦股指反弹一定幅度向上乏力后，这些弱的板块就开始掉头向下选择方向了，而市场一旦掉头选择向下，即使是此次反弹的强势股，也会出现大幅的恐慌性抛售，进而市场正式进入熊市。

牛市末期时，所有股票都出现了股价大幅虚高，早已脱离了实体价值的支撑区域，而作为以研究经济和基本面为主的主力机构来说，这一点他们不会不清楚，所以，主力机构的策略是如何能够在高位更多地抛售一些股票，而不是继续持有股票。从另一个角度来说，股票市场的各种指标也出现了严重的超买现象，如果后续股市继续攀升，则需要更多的资金来加入，而新资金的增量已经严重不足了，再也没有主力敢往股市里新增资金了，新加入资金也仅仅限于新股民了。机构不再新进资金，而是想着如何抽逃资金时，市场不大幅下跌才怪呢。

熊市初期反弹是主力一手导演的反弹，他们之所以再次冒险做多市场，就是要把手中的筹码卖个好价钱，再无其他目的。作为散户投资者，只要有大幅回调且企稳向上，赚钱的机会就来了，根本不必担心筹码卖不出去而被套，这一点与主力相比，是散户投资者最佳的天然优势，一定要利用好。熊市初期反弹的幅度一般都不小，也是值得参与的，如果抓对板块，收益也是相当不错的，但要注意风险。

图 7–7 为熊市初期反弹时期不同类型投资者的最佳交易模式。

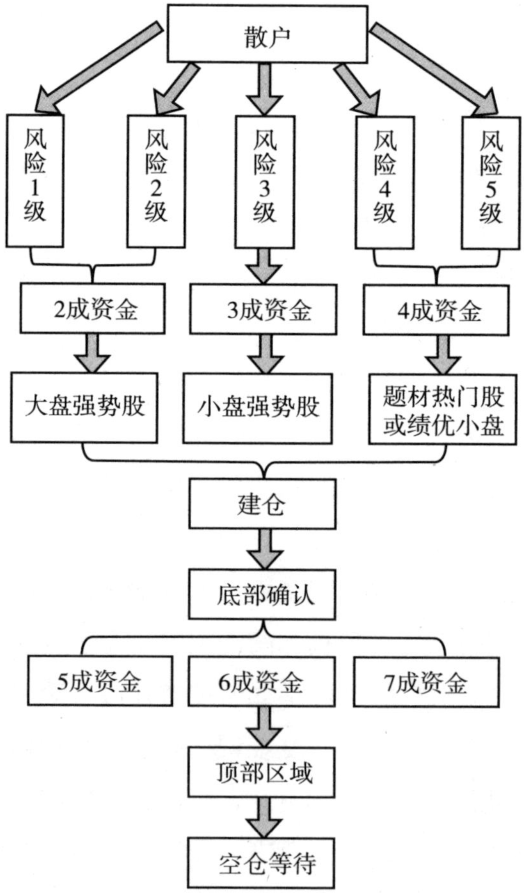

图 7–7　熊市初期反弹交易模式

图 7–7 中，散户投资者分为 5 个不同等级的风险承受能力。风险承受能力较小的 1 级和 2 级投资者，可以先用 2 成资金来进行建仓，买入大盘强势股，风险承受能力为 3 级的投资者，可选择 3 成资金来建仓，买入小盘强势股，而风险承受能力相对较强的 4、5 级投资者，可选择用 4 成资金来建仓，买入题材热门股或绩优小盘股。待底部确认，向上趋势确立时，风险承受能力较小的 1 级和 2 级投资者可增加到 5 成资金来操作，风险承受能力为 3 级的投资者可加仓至 6 成资金来操作，风险承受能力相对较强的 4、5 级投资者可加仓至 7 成资金来操作，待反弹乏力进入顶部阶段时，可逐渐减仓，当股指出现破位下跌时，可以彻底清仓。

之所以所有散户投资者在此阶段都没有满仓操作，是因为此阶段的反弹高度具有不确定性，满仓操作增大了操作风险，所以，安全起见，尽量把仓位控制在 5~7 成就可以了，这样的仓位是一个操作起来游刃有余的仓位。

二、熊市中期反弹

熊市处在中期时，股指与牛市最高点相比已经下滑过半了，此时市场上会出现一些底部来临的声音，当国家也出台一些利好股市的政策时，多重的利好加上抄底情绪，在此区域会造就一个阶段性的反弹，如果把握好了，会有不错的收益，但也需要投资者有勇气和信心来操作。

图 7–8 为熊市中期反弹时期不同类型投资者的最佳交易模式。

图 7–8 中，散户投资者分为 5 个不同等级的风险承受能力。风险承受能力较小的 1 级和 2 级投资者，可以先用 2 成资金来进行建仓，买入大盘同步股，风险承受能力为 3 级的投资者，可选择 3 成资金来建仓，买入小盘同步股，而风险承受能力相对较强的 4、5 级投资者，可选择用 4 成资金来建仓题材热门股。待底部确认，向上趋势确立时，风险承受能力较小的 1 级和 2 级投资者可增加到 7 成资金来操作，风险承受能力为 3 级的投资者可加仓至 8 成资金来操作，风险承受能力相对较强的 4、5 级投资者可加仓至 10 成资金来操作。待反弹乏力进入顶部阶段时，可逐渐减仓，当股指出现破位下跌时，可以彻底清仓。

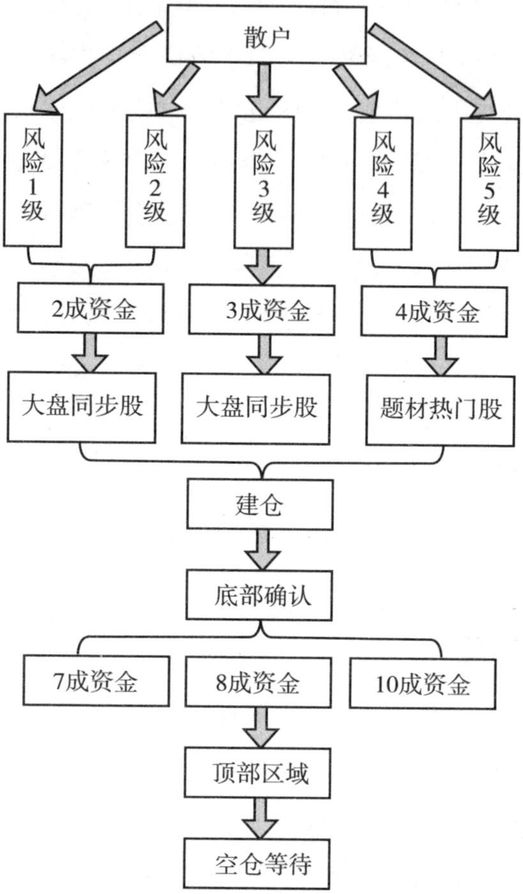

图 7-8　熊市中期反弹交易模式

此阶段不同的投资者操作的资金相比熊市初级阶段都有所增加，是因为熊市中期反弹股指一般都会有 20%~30% 的反弹空间，且个股短期内的走势很凌厉，几天的反弹即可有不错的收益。因为这是经历了一定时期等待后的反弹，市场也需要这样的凌厉反弹，为进入熊市末期做准备，也为一直没有出逃机会的投资者提供了出逃机会，换新进投资者来扛起被套的大旗。

三、熊市末期反弹

熊市进入到末期后，市场人气相当凋敝，成交量也非常低，一些想抄大底的投资者不但没有抄到大底，反而被套，熊市末期的下跌，杀伤力非常强悍，尽管是无量下跌，但跌幅是非常可怕的，所以，此阶段的投资者最好的操作方式就是空仓等待，对于突然到来的利好反弹，最好也不要参与，静候熊市大底的来临。

图 7–9 为熊市末期反弹时期不同类型投资者的最佳交易模式。

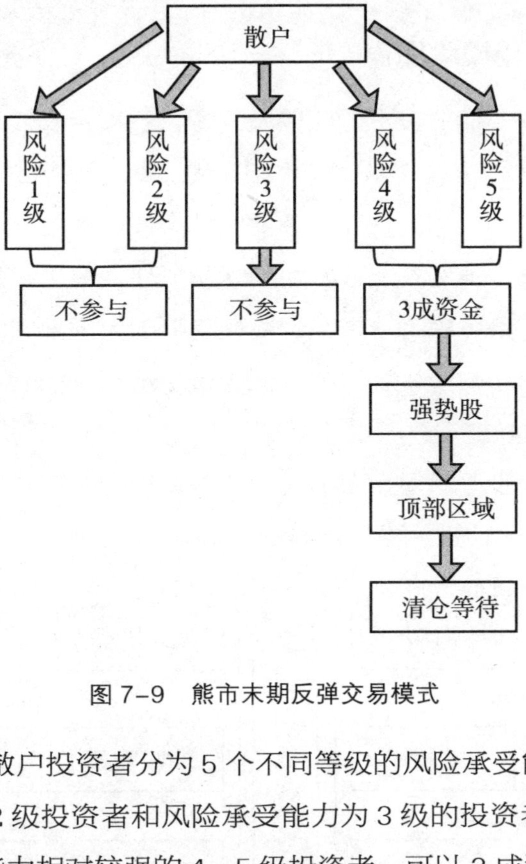

图 7–9　熊市末期反弹交易模式

图 7–9 中，散户投资者分为 5 个不同等级的风险承受能力。风险承受能力较小的 1 级和 2 级投资者和风险承受能力为 3 级的投资者，就不要参与反弹了，风险承受能力相对较强的 4、5 级投资者，可以 3 成资金买入强势股来参与，快进快出即可，随后也进入空仓等待，静候历史大底的来临。

之所以不建议风险承受能力相对较低的 1、2、3 级投资者来参与，是因为熊市末期的反弹一般时间上持续都非常短，有的一两天，最多不会超过一周，不好把握，所以，保护资金安全才是上上策。即使是风险承受能力强的 4、5

级投资者，用3成资金来操作，也是为了保护资金安全，毕竟熊市末期是资金为王。

第十三节 短线最佳操盘模式

一、短线最佳操盘图

我国股市中值得价值投资的标的股不多，不适合长线投资，只能根据市场趋势来做波段，大波段容易识别，小波段和反抽就没那么容易识别了，所以，不要奢求每次波段都能彻底抓住，只要能把大波段抓住，就能富得流油了。面对小波段或反抽，虽然不能很好地判断和抓住，但用来做短线操作还是不错的。做短线的市场环境可选择在阶段性趋势的大顶部或大底部区域，以及小波段和反抽，其他市场环境都是有利于做波段的环境，虽然也可以做短线，但会降低收益率和增加交易成本。

不是什么样的股票都适合做短线标的股，只有一些有显著走势特点的股票才是最佳标的。最佳短线操作标的股，如图7-10所示。

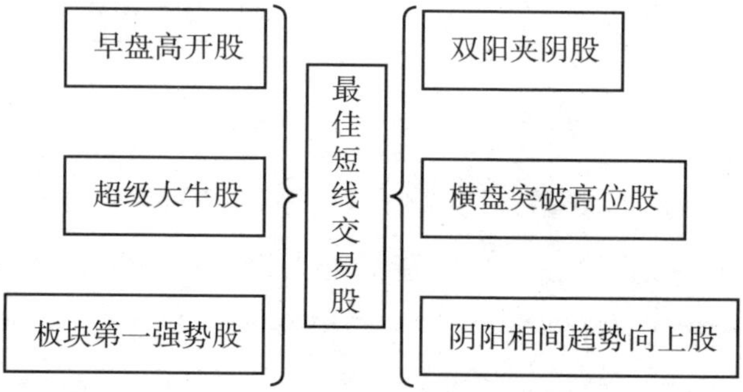

图7-10 最佳短线操作标的股

图7-10中，早盘高开股是指早盘股价已经高开的股票；超级大牛股是指市场里出现的几只股价走势凌厉的股票，涨幅巨大，一般一年也就出现一

两只，早期不容易被发现，直到它突破某压力价位或连续涨停时才引起市场注意的股票；板块第一强势股是指整个板块股价集体上涨时，涨幅排在第一名的股票；双阳夹阴股是指两根阳线中间夹着一根阴线的三日 K 线组合的一种走势，其中三日 K 线的涨跌幅都超过 3% 以上的形态组合最佳；横盘突破高位股是指股价放量突破短期或长期在一定价位徘徊的股票；阴阳相间的趋势向上股是指那些走势上涨两天就再跌两天，然后又涨两天，但股价走势总体是向上的股票。

二、早盘高开股短线交易模式

早盘高开股最适合的市场操作环境是股指处在底部区域或反抽时，早盘高开 3% 以上，如果高开后没有回补缺口，主力放量拉升，不要着急进入，等到下午 2 点 30 分以后以 2 成资金再进入即可；如果高开后没有回补缺口，主力连续放量拉升快要涨停时，可用 1 成资金在涨停板价位上买入；如果早盘高开后小幅上升或没上升即向下回调，不管是否向下回补了缺口，都不要买入，买入最佳时机为股价回调后主力有放量拉升，当股价再次回到开盘价时，可用 4 成资金介入，目标收益率在 3% 以上，操作周期为 1~3 天，止损点设置为 2%~3% 即可。

三、超级大牛股短线交易模式

超级大牛股在第一阶段的涨幅一般是不会引人注意的，因为主力只是不显山不露水地正常做 K 线，只有当主力需要借力跟风者或引起市场注意时，才开始做涨停板，大多数投资者才会注意到它。有经验的投资者会在第一时间发现这只股在涨停时不一样了，而大多数投资者都会在它已经连续涨 2 到 3 个板时才注意到，但此时也不敢再追高了。

超级大牛股的主力在已经开始疯狂拉升阶段是不会顾及到市场环境的，它会走出有自己特点的走势来，投资者可以用 2 成资金来追该股的第二个或第三个涨停板，目标收益率是 5% 以上，操作周期为 1~3 天。操作该大牛股的最佳机会是在该股第一次拉升后的回调，当回调结束后股价开始向上（一定要有放量相伴）拉升时，可用 5~7 成资金追入，目标收益率在 10% 以上，操作周期为 3~7 天，止损点位为第一次回调时的股价最低点。

四、板块第一强势股短线交易模式

不管当日股指涨跌与否，一个板块出现异动上涨，说明该板块有利好消息，那么该板块就最适合来做短线交易。投资者在早盘即可得知哪个板块是今日的强势板块，在交易时间里，不断地关注板块的热度变化，就知道哪个板块是后来居上的强势板块。

早盘强势板块里的第一个强势股如果没有早盘被直接做板的话，就可以用 2~3 成的资金来操作，在涨停板价位买入，不涨停的话，不介入。后来居上的强势板块可以用 4~7 成资金来追第一强势股，如果错过最佳买入时机，就买该强势股板块里还没有涨停的股票，目标收益率为 5% 以上，操作周期为 1~3 天，止损点设置为 2%~3% 即可。

五、双阳夹阴股短线交易模式

双阳夹阴股最适合的市场操作环境为股指处在顶部区域、小波段上涨或反抽时，双阳夹阴预示着该股的走势为多方占优，操作时间为 2 点 40 分以后，当日走势已经把昨日的阴线吃掉，三日 K 线表现为双阳夹阴，当股价快要接近昨日的开盘价时，可用 3~5 成资金来介入，目标收益率为 2% 以上，操作周期为 1~2 天，止损点位为当日买入 K 线的开盘价。注意，当日股价收复不了昨日的阴线时，最好不要介入，因为这说明多方力量不足，明日上涨高度有限。

六、横盘突破高位股短线交易模式

横盘股也有很多种形式，其中头肩底右肩横盘和 L 型股价横盘走势最为可靠，头肩底右肩横盘突破，一般是股指处在大波段顶部区域，或股指经过一段上涨回调后开始转向上攻时，而 L 型股价横盘突破，一般是股指处在反抽或小幅反弹或大波段底部区域。突破的标志是连续大单突破前期横盘时的最高价格，且股价坚挺始终高于前期横盘最高价，最佳介入时间是下午 2 点以后，除非该股突破后一路奔向涨停，否则一定要等到 2 点以后，因为要排除假突破。如果是一路奔向涨停的情形，就用 2~3 成资金介入，在涨停板价位买入，如果没有涨停且股价始终坚挺，就用 4~8 成资金介入，目标收益率为5% 以上，操作周期为 1~3 天，设置止损点时，涨停板介入情形设置为 3%，不是涨停板情形设置为当日股价的开盘价即可。

七、阴阳相间趋势向上股短线交易模式

阴阳相间趋势向上股最适合的市场操作环境为股指处在顶部区域和行情结束后的第一次下跌反抽或反弹。该类型股票因为是涨一两天后又要跌一两天而后又涨一两天，但总体趋势是向上的，让许多投资者都感到不好把握，即使是波段操作，心里也没底，但这种股票用来做短线是再好不过的了。

首先要把此类型股票的走势划出趋势线，即把不同日出现的最高股价用直线连接起来，就得到了该股票股价的上轨道线，把不同日出现的最低股价用直线连接起来，就得到了该股票股价的下轨道线，每当股价出现下调时，在接近股价下轨道线时，可以用 2~4 成资金来介入，介入时间要看股价何时能接近下轨道线，当股价上升至上轨道线时，就可以卖出了。目标收益率为 3%~6%，操作周期为 1~3 天，止损点设置为股价下破下轨道线的 1% 即可。

虽然还有许多种类型的股票适合短线操作，但笔者认为这六种类型的股票是最适合散户投资者操作的，止损点也好设置，准确率相对较高。对于短线炒作题材热门股，一般水平的投资者不容易掌握，且股票涨跌幅巨大，止损位设置相对较高，对投资者的心理素质也要求较高，只适合一小部分投资水平较高的投资者。需要说明的一点是，短线操作一定要有超强的操盘纪律和执行力，勇敢、果断是交易中必须具备的品质，不断在失败中吸取教训，也不带任何情绪来操盘。短线操盘的盘感是在大量短线交易

中逐步形成的，而交易者一旦有了盘感，将是如虎添翼，短线操作水平无疑上了一个新台阶。对于新手来讲，短线操作只是操盘盛宴上的一碟小菜而已，是用来调味的，也只是在主流操盘后练手和练盘感所用，这一点投资者一定要谨记。